UNIVERSALE
ECONOMICA
FELTRINELLI
RAGAZZI

CATULLO

Gaio Valerio Catullo nacque a Verona probabilmente nell'84 a.C. e morì probabilmente nel 54, per cause sconosciute.
Pochissimo si sa della famiglia e dei genitori. Che non fosse priva di mezzi si ricava da alcune poesie, che menzionano una casa a Verona, una villa a Sirmione e una tenuta nella campagna di Tivoli. Il padre aveva rapporti di amicizia con Giulio Cesare.
Prima del 66, si trasferì a Roma, dove potrebbe essere cominciata la sua formazione letteraria, e nel 57 accompagnò il pretore Gaio Memmio Gemello in Bitinia (Asia Minore), insieme all'amico Gaio Cinna.
Intorno al 60 un fratello amatissimo morì in Troade. Non è certo se vi si trovasse con un qualche incarico istituzionale.
Roma fu la sua casa. Lì si realizzò come poeta, a contatto con altri poeti di gusti simili, ed ebbe le sue amicizie, anche altolocate (Cicerone, per esempio) e i suoi amori.
Di fronte al crescente sfascio delle istituzioni repubblicane, che imputava soprattutto alle ambizioni dispotiche di Cesare e di Pompeo, professò una forma di protestatario distacco, contrapponendo alla politica l'impegno poetico e il rispetto religioso dell'onestà.

Catullo
DAMMI MILLE BACI
POESIE D'AMORE

A cura di Nicola Gardini

Titolo dell'opera originale
C. VALERII CATULLI CARMINA

Traduzione dal latino di
NICOLA GARDINI

Ritratto dell'autore di
MARIACHIARA DI GIORGIO

Prima edizione in "Universale Economica" – I CLASSICI aprile 2014
Prima edizione in "Universale Economica Ragazzi" – I CLASSICI novembre 2023

Stampa Grafica Veneta S.p.A. di Trebaseleghe – PD

ISBN 978-88-07-89822-8

Catullo
Un'educazione del desiderio
di Nicola Gardini

Catullo, tra gli autori antichi, è quello che più sembra simile a noi, perché ci rivela i suoi sentimenti e parla della sua vita amorosa. In certe poesie usa addirittura il proprio nome. Eccolo un grande del primo secolo avanti Cristo che non si nasconde, uno che si mette in gioco, e non si vergogna a dirsi innamorato, sensuale, voglioso, geloso. Catullo è spontaneo e sincero, ricerca i baci, e proprio per questo ci pare di capirlo immediatamente. Senza dubbio ci risulta simpatico, anche perché è giovane. Quando muore, ha solo trent'anni. In realtà, la spontaneità e la sincerità di Catullo nascono da un'idea di amore tutt'altro che ingenua e casuale. Dalle sue poesie possiamo ricostruire un vero e proprio codice del cuore, un'"educazione del desiderio", se volete. Capito questo, ne apprezzeremo tanto di più l'originalità e ci sarà tanto più prezioso, perché riconosceremo in lui una guida, nonostante tra noi e lui corrano millenni.

Catullo ci insegna che l'amore è civiltà. Crea nel disordine della vita sociale un sistema di rapporti buoni, ispirati al contraccambio e alla gratitudine reciproca, esprimendosi variamente secondo che sia diretto alla donna, al ragazzo o all'amico. Per ciascuno di loro esiste un certo tipo di trasporto, e con ciascuno si crea o si tenta di creare un certo tipo di rapporto. E così si forma una sfera policroma di comportamenti e sentimenti, che vanno dall'affetto più puro alla passione alla brama sessuale.

L'amore per la donna rappresenta l'ideale massimo. Pienamente realizzato, diventa matrimonio, forma suprema di legame. Per questo spiccano nel libro di Catullo alcuni componimenti nuziali, i meno personali, da un certo punto di vista, ma i più impegnati, per lunghezza e per lavoro linguistico. Catullo, però, ama una donna inaffidabile (la chiama Lesbia, in omaggio alla grande poetessa greca Saffo, originaria dell'isola di Lesbo); una che, quando la incontra, è già sposata, e per di più va a letto anche con altri. Il suo amore nasce disperato; e si sviluppa in malattia. Inseguire l'ideale impossibile, infatti, è un supplizio; getta l'animo nell'avvilimento e nella contraddizione. L'innamorato vuole e non vuole, odia e ama (l'ossimoro più catulliano che ci sia); e poi, quando si crede liberato, ci ricasca, ripiomba nell'illusione.

L'ideale, a ogni modo, regge, proprio perché ideale; ineliminabile punto fisso del cosmo interiore. E, così, il discorso si svolge, di poesia in poesia, su due piani: quello psicologico delle traversie emotive e psicologiche, che muta sempre, e quello morale dei sacrosanti princìpi, inalterabile, che ambisce a ricomporre il disordine e, non riuscendoci, almeno condanna le storture.

Altro aspetto notevole, che a noi lettori di oggi potrebbe sfuggire: l'amore per Lesbia, per quanto sbagliato, non è fatto privato. Non solo le poesie stesse lo rendono pubblico, ma mostrano anche che alle vicende di quell'amore partecipa tutta una comunità di amici. Un amore, per Catullo, non sta fuori dal mondo; non vive nell'isolamento. Non può. Un amore, per essere tale, richiede testimoni, deve fare da modello e da stimolo, creare altri amori. Gli amici, allora, servono a legittimarlo, a proteggerlo, a imitarlo. E lo favoriscono; se ne fanno portavoce; possono addirittura annunciarne la fine.

Gli amici sono a loro volta oggetto d'amore e il desiderio di loro contribuisce non meno di quello della donna a formare la sostanza psicologica e civile di Catullo. Verso alcuni lo vediamo tendere con una dolcezza da innamorato. Li cerca, ne ha nostalgia, non vede l'ora di riaverli accanto. Il carme 50 (vedi p. 85), che è uno dei miei preferiti, ci racconta la felicità che il poeta ha provato passando tutta una giornata con Licinio Calvo. Hanno bevuto, scherzato e scritto versi. Ora, però, sono divisi, e a lui non vengono né fame né sonno, perché pensa all'amico, e, smaniando nel letto, spera di rivederlo al più presto. L'amicizia, come l'amore per la donna, è un patto. Rientra in un quadro di giustizia sociale. Guai a chi dei due lo rompe! La dea della vendetta, Nemesi, gliela farebbe pagare.

C'è poi l'amore per il ragazzo, Giovenzio, in particolare. Si tratta, evidentemente, di un affetto diverso da quello per Lesbia, nelle intenzioni e nei fini, ma pur sempre di un attaccamento significativo, non privo di passione e di dolcezza. Qui occorre chiarire un punto essenziale: per gli antichi non esiste la distinzione tra eterosessualità e omosessualità che abbiamo noi moderni. Il concetto stesso di identità sessuale sfugge, sia nell'antica Grecia sia nella Roma di Catullo. L'identità sessuale è definita non in base all'indole o a un'idea di orientamento, ma secondo le pratiche. Un maschio libero e adulto, come è Catullo, può avere rapporti sessuali sia con i maschi sia con le femmine. Occorre, però, che l'altro maschio sia un ragazzo e non abbia un ruolo attivo nel rapporto sessuale. In genere, il ragazzo è uno schiavo. Giovenzio, però, è quasi certamente un giovinetto di famiglia libera. Anche in questo caso, si tratta di una relazione rigorosamente regolata, che obbedisce, non meno delle altre, all'ideale della corrispondenza e della fedeltà. E anche in questo caso, purtroppo, come in quello di Lesbia, si constata che corrispondenza e fedeltà mancano.

Catullo ci dona un'immagine dialettica dell'amore, positiva in astratto e drammaticamente negativa nella realtà. Il dramma nasce dalle difficoltà dei rapporti e dall'incostanza dell'altra parte. Di qui delusioni, gelosie, vergogna e umiliazione. La sofferenza, però, modella un personaggio forte, lucido, rigoroso, che, nonostante la prostrazione di certi momenti, non dimentica mai ciò cui è giusto aspirare e che è giusto aspettarsi; uno che dà a se stesso il compito di vivere sempre con coerenza e con dignità, con rigore quasi filosofico, il sentimento e l'attrazione. Per tale ragione Catullo può esserci ancora maestro, ispirandoci a conoscere e a costruire i nostri amori, chiunque siamo portati ad amare, con la più viva consapevolezza.

Per la traduzione dei Carmi, di cui questo libro è una selezione, mi sono basato sul testo approntato da R.A.B. Mynors (*C. Valerii Catulli Carmina*, Oxford University Press, 1958), da questo distaccandomi solo in un caso, che segnalo in nota.

Ringrazio Cecilia Piantanida, antichista e comparatista.

DAMMI MILLE BACI

POESIE D'AMORE

Tu che ritorni, e più non ci speravo

LESBIA
IL GRANDE AMORE

II

Passer, deliciae meae puellae,
quicum ludere, quem in sinu tenere,
cui primum digitum dare appetenti
et acris solet incitare morsus,
cum desiderio meo nitenti
carum nescio quid lubet iocari,
et solaciolum sui doloris,
credo, ut tum gravis acquiescat ardor:
tecum ludere sicut ipsa possem
et tristis animi levare curas!

2

O passero, gioia della mia donna,
che con te gioca e ti si tiene in seno
e la punta del dito non ti nega
e t'incita a beccarla forte quando
il mio splendido amore è in vena
di qualche distrazione allegra,
di un conforto alla sua pena,
direi, che acquieti la passione cruda.
Così con te potessi anch'io giocare
e la tristezza togliermi dal cuore!

III

Lugete, o Veneres Cupidinesque,
et quantum est hominum venustiorum:
passer mortuus est meae puellae,
passer, deliciae meae puellae,
quem plus illa oculis suis amabat.
nam mellitus erat suamque norat
ipsam tam bene quam puella matrem,
nec sese a gremio illius movebat,
sed circumsiliens modo huc modo illuc
ad solam dominam usque pipiabat;
qui nunc it per iter tenebricosum
illud, unde negant redire quemquam.
at vobis male sit, malae tenebrae
Orci, quae omnia bella devoratis:
tam bellum mihi passerem abstulistis
o factum male! o miselle passer!
tua nunc opera meae puellae
flendo turgiduli rubent ocelli.

3

Piangete, Veneri e Amori, e voi quanti
siete che venerate la dolcezza.
Il passero della mia donna è morto,
il passero, gioia della mia donna,
che più teneva caro dei suoi occhi.
Infatti era affettuoso e conosceva
la padrona come un bimbo la madre
né dal suo grembo mai si allontanava
ma, ora qua ora là, intorno saltellando,
sempre per lei soltanto pigolava.
Ora discende il tenebroso calle
da cui si dice che nessuno torni.
Ah, maledette, tenebre maligne,
Orco che divori le cose belle!
Un passero così bello hai rapito!
Ah sacrilegio! Ah triste passerotto!
Adesso a causa tua la mia ragazza
ha gli occhi rossi e gonfi per il pianto.

V

Vivamus mea Lesbia, atque amemus,
rumoresque senum severiorum
omnes unius aestimemus assis!
soles occidere et redire possunt:
nobis cum semel occidit brevis lux,
nox est perpetua una dormienda.
da mi basia mille, deinde centum,
dein mille altera, dein secunda centum,
deinde usque altera mille, deinde centum.
dein, cum milia multa fecerimus,
conturbabimus illa, ne sciamus,
aut ne quis malus invidere possit,
cum tantum sciat esse basiorum.

5

Vivere, Lesbia[1] mia, dobbiamo e amare
e le ciance dei vecchi brontoloni
calcolarle un centesimo.
Il sole che tramonta può tornare.
Noi, tramontata questa breve luce,
una notte perpetua dormiremo.
Avanti, dammi mille baci, e cento
e mille ancora, e cento nuovamente
e mille ancora di continuo e cento
e quando avremo fatto più migliaia
per non sapere le confonderemo
o scampare al malocchio dei malvagi
se sanno quanti e quanti baci sono.

[1] Lesbia: l'amante di Catullo. Probabilmente "Lesbia" è lo pseudonimo di Clodia, moglie di Quinto Metello Celere, figlia di Appio Claudio Pulcro (sostenitore di Cicerone e del partito senatorio, pretore nel 63 a.C. e poi governatore della Gallia Cisalpina e console nel 60) e sorella di P. Clodio Pulcro (acerrimo nemico di Cicerone). Dopo la morte del marito Metello viene associata a Celio Rufo. Nominata anche in cc. VII, LXXII, LXXV, LXXXIII, LXXXVI, LXXXVII, XCII, CVII. Cicerone ne ha lasciato un ritratto tutt'altro che lusinghiero nella *Pro Caelio*.

VII

Quaeris, quot mihi basiationes
tuae, Lesbia, sint satis superque.
quam magnus numerus Libyssae harenae
lasarpiciferis iacet Cyrenis
oraclum Iovis inter aestuosi
et Batti veteris sacrum sepulcrum;
aut quam sidera multa, cum tacet nox,
furtivos hominum vident amores:
tam te basia multa basiare
vesano satis et super Catullo est,
quae nec pernumerare curiosi
possint nec mala fascinare lingua.

7

Vuoi sapere a me di baci tuoi quanti
ne possano bastare, Lesbia,[2] e avanzino?
Quanti i granelli delle sabbie libiche
intorno la silfifera Cirene,[3]
tra l'oracolo dell'affocato Giove[4]
e il monumento dell'antico Batto,[5]
o quanti gli astri nella notte tacita
che degli uomini spiano gli amori;
che tanti baci tu baciassi al folle
Catullo basterebbe e avanzerebbe:
baci che non riuscissero a contare
i curiosi o a stregare mala lingua.

[2] Vedi c. V.

[3] Città di origine greca, collocata in quella che oggi è la Libia orientale. Il "lasarpicium" (da *lac serpicium*) è il succo del silfio, pianta usata in medicina, di cui la Cirenaica era grande produttrice. Nella mia traduzione "silfifera" è chiaramente un neologismo, che imita l'ironica magniloquenza dell'originale.

[4] Si tratta dell'oracolo di Ammone.

[5] Il leggendario eroe fondatore e primo re della città di Cirene oggetto di culto dopo la morte; la sua tomba era situata al centro della città.

VIII

Miser Catulle, desinas ineptire,
et quod vides perisse perditum ducas.
fulsere quondam candidi tibi soles,
cum ventitabas quo puella ducebat
amata nobis quantum amabitur nulla.
ibi illa multa cum iocosa fiebant,
quae tu volebas nec puella nolebat,
fulsere vere candidi tibi soles.
nunc iam illa non volt: tu quoque inpotens noli,
nec quae fugit sectare, nec miser vive,
sed obstinata mente perfer, obdura.
vale puella, iam Catullus obdurat,
nec te requiret nec rogabit invitam.
at tu dolebis, cum rogaberis nulla.
scelesta, vae te, quae tibi manet vita?
quis nunc te adibit? cui videberis bella?
quem nunc amabis? cuius esse diceris?
quem basiabis? cui labella mordebis?
at tu, Catulle, destinatus obdura.

8

Triste Catullo, smetti ormai d'illuderti:
quello che è perso è perso, riconoscilo.
Rifulsero per te giorni di gioia
un tempo, quando andavi dove lei
ti conduceva, amata quanto un'altra
mai sarà; e lì si facevano i giochi
che tu volevi né lei non voleva.
Rifulsero, ah, per te giorni di gioia.
Più non vuole? E tu, matto, non volere.
Non inseguirla, non vivere triste;
invece, fermo, sopporta, resisti.
Addio, ragazza; Catullo resiste.
Chiederti? Averti con la forza? No.
Ma piangerai, se non ti avrà nessuno.
Ah, sciagurata, che vita ti resta?
Chi ti cercherà? A chi apparirai bella?
Ora chi amerai? Di chi ti dirai?
Chi bacerai? A chi morderai le labbra?
Ma tu, Catullo, impégnati, resisti!

XI

Furi et Aureli comites Catulli,
sive in extremos penetrabit Indos,
litus ut longe resonante Eoa
    tunditur unda,
sive in Hyrcanos Arabesve molles,
seu Sagas sagittiferosve Parthos,
sive quae septemgeminus colorat
    aequora Nilus,
sive trans altas gradietur Alpes,
Caesaris visens monimenta magni,
Gallicum Rhenum horribile aequor ulti-
    mosque Britannos,
omnia haec, quaecumque feret voluntas
caelitum, temptare simul parati,
pauca nuntiate meae puellae
    non bona dicta.

11

Furio e Aurelio,[6] che con Catullo andreste
fino al remoto termine dell'India
dove con ampio rombo batte il lido
    l'onda orientale
o tra gli Ircani[7] e gli Arabi lussuosi
o tra gli Sciti[8] e i Parti saettanti[9]
o al mare in cui da sette bocche il Nilo
    butta colore
oppure al di là delle vette alpine
i trofei del gran Cesare[10] a vedere,
dei Galli il Reno e dei Britanni estremi
    l'orrido mare,
voi che, comunque vogliano gli dèi,
siete pronti con me a tentare tanto,
queste poche parole alla mia donna
    dite non belle:

[6] Aurelio è tra le conoscenze non identificate di Catullo. Compare anche nel c. XV, va probabilmente identificato con il poeta Furio Bibaculo. Entrambi rivaleggiano con Catullo per l'amore di Giovenzio (vedi su di lui i cc. XV, XXIV, XLVIII, LXXXI, XCIX).

[7] Gli Ircani vivevano sulla costa meridionale del Mar Caspio.

[8] Il testo ha per Sciti la parola *Sagas*, tribù nomade dell'odierno Iran settentrionale.

[9] I Parti premevano contro i confini orientali dell'impero romano.

[10] Gaio Giulio Cesare (100-44 a.C.): arrivò in Britannia nel 55 a.C. Era amico della famiglia di Catullo e ospite frequente alla casa di Verona.

cum suis vivat valeatque moechis,
quos simul complexa tenet trecentos,
nullum amans vere, sed identidem omnium
    ilia rumpens;
nec meum respectet, ut ante, amorem,
qui illius culpa cecidit velut prati
ultimi flos, praetereunte postquam
    tactus aratro est.

sia pur con i suoi uomini felice,
che tutti e mille stringe in una volta,
senza amarne uno, ma a ciascuno i lombi
    sempre fiaccando,
né più si aspetti d'ora in poi il mio amore:
per sua colpa è caduto, come in fondo
alla campagna il fiore che passando
    tocca l'aratro.

LI

Ille mi par esse deo videtur,
ille, si fas est, superare divos,
qui sedens adversus identidem te
    spectat et audit

dulce ridentem, misero quod omnis
eripit sensus mihi: nam simul te,
Lesbia, aspexi, nihil est super mi
    . . . .

lingua sed torpet, tenuis sub artus
flamma demanat, sonitu suopte
tintinant aures gemina, teguntur
    lumina nocte.

otium, Catulle, tibi molestum est:
otio exsultas nimiumque gestis:
otium et reges prius et beatas
    perdidit urbes.

51[11]

Uguale a un dio mi pare o superiore
alle divinità perfino, se è ammesso,
chi ti siede di fronte e di continuo
    ti guarda e sente

che ridi dolcemente, mentre a me
vien meno la ragione; infatti, appena,
Lesbia,[12] ti vedo niente mi rimane
    . . . .

ma la lingua si lega, una sottile
fiamma percorre il corpo, un falso suono
rimbomba nelle orecchie, gli occhi notte
    duplice copre.

L'ozio per te, Catullo, non è buono;
nell'ozio smani e ti scalmani; l'ozio
già ha mandato in rovina re e fortune
    di città intere.

[11] Questa poesia traduce (e adatta) un'ode di Saffo.

[12] Vedi c. V.

LVIII

Caeli, Lesbia nostra, Lesbia illa,
illa Lesbia, quam Catullus unam
plus quam se atque suos amavit omnes,
nunc in quadriviis et angiportis
glubit magnanimi Remi nepotes.

58

Lei, Celio,[13] la mia Lesbia,[14] quella Lesbia,
sì, quella, che Catullo amava sola
più di se stesso e più di tutti i suoi,
adesso per i porti e per i trivi
lo spella ai pronipoti del gran Remo.

[13] Forse lo stesso Celio Rufo al quale è rivolto il c. LXXVII; fu amante di Clodia dopo Catullo.

[14] Vedi c. V.

LXVIII b

Non possum reticere, deae, qua me Allius in re
    iuverit aut quantis iuverit officiis,
ne fugiens saeclis obliviscentibus aetas
    illius hoc caeca nocte tegat studium:
sed dicam vobis, vos porro dicite multis
    milibus et facite haec carta loquatur anus.
. . . .
    notescatque magis mortuus atque magis,
nec tenuem texens sublimis aranea telam
    in deserto Alli nomine opus faciat.
nam, mihi quam dederit duplex Amathusia curam,
    scitis, et in quo me torruerit genere,
cum tantum arderem quantum Trinacria rupes
    lymphaque in Oetaeis Malia Thermopylis,
maesta neque assiduo tabescere lumina fletu
    cessarent tristique imbre madere genae.
qualis in aerii perlucens vertice montis
    rivus muscoso prosilit e lapide,

68 b

Dee,[15] non posso tacere l'aiuto che mi ha dato
Allio[16] e l'impegno con cui me l'ha offerto,
perché immemore d'epoca in epoca fuggendo
il tempo non ottenebri il suo zelo.
Ma lo dirò a voi e voi riditelo a moltissimi,
che parli questo foglio anche invecchiato.
. . . .
e acquisti sempre più fama da morto,
né il ragno che la tela tesse in alto sottile
operi sul perduto nome d'Allio.
Sapete quale pena mi abbia inflitto la doppia
Amatusia[17] e con quali scottature
quando bruciavo come brucia il monte trinacrio[18]
o la fonte malea alle etèe Termopili[19]
e gli occhi non cessavano di sciogliersi nel pianto
e bagnava una pioggia triste il viso.
Come un limpido rivo sulla vetta del monte
prorompe da un sasso muschioso

[15] Le Muse.

[16] Altrimenti sconosciuto.

[17] La dea Venere, così detta da Amathus, suo luogo di culto a Cipro.

[18] L'Etna.

[19] Le sorgenti d'acqua calda che davano il nome al passo delle Termopili a Mali; il passo costituiva la via principale di connessione tra la Tessaglia e la Grecia centrale ed era racchiuso fra il monte Eta e il Golfo Maliaco. Fu il luogo della famosa battaglia del 480 a.C. in cui i Greci tentarono, subendo una sanguinosa sconfitta, di fermare l'esercito persiano comandato da Serse.

qui cum de prona praeceps est valle volutus,
    per medium densi transit iter populi,
dulce viatori lasso in sudore levamen,
    cum gravis exustos aestus hiulcat agros:
ac velut in nigro iactatis turbine nautis
    lenius aspirans aura secunda venit
iam prece Pollucis, iam Castoris implorata,
    tale fuit nobis Allius auxilium.
is clausum lato patefecit limite campum,
    isque domum nobis isque dedit dominae,
ad quam communes exerceremus amores.
    quo mea se molli candida diva pede
intulit et trito fulgentem in limine plantam
    innixa arguta constituit solea,
coniugis ut quondam flagrans advenit amore
    Protesilaeam Laudamia domum
inceptam frustra, nondum cum sanguine sacro
    hostia caelestis pacificasset eros.
nil mihi tam valde placeat, Ramnusia virgo,
    quod temere invitis suscipiatur eris.
quam ieiuna pium desideret ara cruorem,
    docta est amisso Laudamia viro,

e scende a precipizio dal pendio della valle
    e passa tra la numerosa gente,
dolce conforto al fiacco viandante che suda
    quando più spacca il secco suolo l'afa
e come i naviganti che sbatte la burrasca
    nera sorprende un venticello amico,
pregati nel bisogno già Castore e Polluce,
    tale è stato per me il soccorso d'Allio.
Lui ha aperto un ampio varco nella rete del campo,
    lui ha dato a me e alla mia donna una casa
in cui poter godere del reciproco amore.
    Lì entrò leggera la mia bianca dea
e il luminoso piede toccò la soglia logora
    premendo sulla suola scricchiolante,
come un tempo bruciando Laodamìa[20] d'amore
    venne alla casa di Protesilao,[21]
invano cominciata, sacrificio rituale
    non avendo placato ancora i numi.
Nulla mi piaccia tanto, vergine di Ramnunte,[22]
    che io trascuri la loro volontà.
Ché quanto l'ara avesse fame del giusto sangue
    l'apprese Laodamìa restando sola,

[20] Moglie di Protesilao. La coppia rimase sposata solo un giorno, perché Protesilao morì subito a Troia, all'indomani delle nozze (vedi nota seguente). Disperata per la perdita, Laodamìa fece costruire una statua a grandezza naturale del marito e con quella prese a giacere. Il padre diede la statua alle fiamme e Laodamìa la seguì.

[21] Gli fu predetto che sarebbe stato il primo greco a sbarcare a Troia e che sarebbe stato ucciso nel momento in cui avesse messo piede sulla spiaggia. Ignorando l'avvertimento, sbarcò per primo e cadde all'istante.

[22] Vedi note 7 di p. 85 e 100 di p. 161.

coniugis ante coacta novi dimittere collum,
quam veniens una atque altera rursus hiems
noctibus in longis avidum saturasset amorem,
posset ut abrupto vivere coniugio,
quod scibant Parcae non longo tempore abesse,
si miles muros isset ad Iliacos.
nam tum Helenae raptu primores Argivorum
coeperat ad sese Troia ciere viros,
Troia (nefas!) commune sepulcrum Asiae Europaeque,
Troia virum et virtutum omnium acerba cinis,
quaene etiam nostro letum miserabile fratri
attulit. ei misero frater adempte mihi,
ei misero fratri iucundum lumen ademptum,
tecum una tota est nostra sepulta domus,
omnia tecum una perierunt gaudia nostra,
quae tuus in vita dulcis alebat amor.
quem nunc tam longe non inter nota sepulcra
nec prope cognatos compositum cineres,
sed Troia obscena, Troia infelice sepultum
detinet extremo terra aliena solo.
ad quam tum properans fertur lecta undique pubes
Graeca penetralis deseruisse focos,
ne Paris abducta gavisus libera moecha
otia pacato degeret in thalamo.
quo tibi tum casu, pulcerrima Laudamia,
ereptum est vita dulcius atque anima

staccata dall'abbraccio dello sposo novello
prima che il susseguirsi degli inverni
saziasse nelle lunghe notti il suo avido amore,
sì che potesse reggere al distacco,
che le Parche[23] sapevano prossimo, quando fosse
partito in armi per le mura d'Ilio.[24]
Infatti, dopo il ratto d'Elena,[25] Troia[26] il fior
fiore dei Greci l'attirava a sé;
Troia, ah!, comune tomba d'Europa e d'Asia, Troia
dei valorosi e del valore cenere
acerba, che anche al mio dolce fratello morte
triste portò, fratello, a me strappato,
al triste tuo fratello strappata luce cara,
con te tutta la nostra casa giace,
sono morte con te tutte le nostre gioie
che in vita alimentavi con l'affetto.
Ora tanto lontano non tra noti sepolcri
composto né con ceneri congiunte
ma nell'infame Troia, nella luttuosa Troia
sepolto lo trattiene un suolo estraneo.
Gioventù scelta, dicono, da ogni parte di Grecia
vi si affrettò, lasciando il focolare,
perché Paride[27] a letto non si godesse in pace
notte e giorno l'adultera rubata.
In quel frangente a te, mia bella Laodamìa,
più caro della vita e del respiro

[23] Vedi il loro canto nel c. LXIV.

[24] La rocca di Troia.

[25] La moglie del re greco Menelao, rapita dal troiano Paride.

[26] Vedi la parte conclusiva di c. LXIV.

[27] Il rapitore di Elena.

coniugium: tanto te absorbens vertice amoris
aestus in abruptum detulerat barathrum,
quale ferunt Grai Pheneum prope Cyllenaeum
siccare emulsa pingue palude solum,
quod quondam caesis montis fodisse medullis
audit falsiparens Amphitryoniades,
tempore quo certa Stymphalia monstra sagitta
perculit imperio deterioris eri,
pluribus ut caeli tereretur ianua divis,
Hebe nec longa virginitate foret.
sed tuus altus amor barathro fuit altior illo,
qui tamen indomitam ferre iugum docuit.
nam nec tam carum confecto aetate parenti
una caput seri nata nepotis alit,
qui cum divitiis vix tandem iuventus avitis
nomen testatas intulit in tabulas,
impia derisi gentilis gaudia tollens
suscitat a cano volturium capiti:
nec tantum niveo gavisa est ulla columbo
compar, quae multo dicitur improbius

fu levato il marito: il turbine d'amore
ti risucchiò giù per una voragine
pari a quella che a Fèneo,[28] sotto il Cillène,[29] come
si narra, asciuga i paludosi umori:
spaccando le interiora del monte, lo scavò
d'Anfitrione,[30] pare, il falso figlio
quando con freccia certa colpì i mostri stinfali[31]
per ordine del debole tiranno[32]
perché pestasse un nuovo dio la soglia del cielo
ed Ebe non restasse eterna vergine.[33]
Ma più della voragine profondo era il tuo amore
che al giogo indomita ti assoggettò.
Non tanto caro alleva per il padre decrepito
figlia unica un tardivo nipotino
che, divenuto erede delle ricchezze avite
ed entrato nel testamento, toglie
il sorriso ai parenti indegni e ride,
cacciando gli avvoltoi dal bianco capo;
né mai tanto ha goduto del suo niveo compagno
la colomba, che sempre muove il becco

[28] Città dell'Arcadia settentrionale.

[29] Monte nelle prossimità della città di Fèneo; alle sue pendici scorreva il fiume Olbio che rilasciava le sue acque alluvionali in canali sotterranei, secondo il mito costruiti da Ercole.

[30] Il padre mortale putativo di Ercole, nato dall'unione della di lui moglie Alcmena con Zeus.

[31] La quinta fatica di Ercole: l'uccisione degli uccelli antropofagi che abitavano sul lago Stinfalo, in Arcadia.

[32] Euristeo, re di Micene, colui che impose a Ercole le dodici fatiche. "Debole" è detto rispetto al suo servitore.

[33] Avendo riportato il successo in tutte le prove, Ercole per ricompensa fu assunto in cielo e ottenne in sposa la dea della giovinezza, Ebe (ancora vergine).

oscula mordenti semper decerpere rostro,
quam quae praecipue multivola est mulier.
sed tu horum magnos vicisti sola furores,
ut semel es flavo conciliata viro.
aut nihil aut paulo cui tum concedere digna
lux mea se nostrum contulit in gremium,
quam circumcursans hinc illinc saepe Cupido
fulgebat crocina candidus in tunica.
quae tamen etsi uno non est contenta Catullo,
rara verecundae furta feremus erae,
ne nimium simus stultorum more molesti.
saepe etiam Iuno, maxima caelicolum,
coniugis in culpa flagrantem concoquit iram,
noscens omnivoli plurima furta Iovis.
atqui nec divis homines componier aequum est,
. . . .
. . . .
ingratum tremuli tolle parentis onus.
nec tamen illa mihi dextra deducta paterna
fragrantem Assyrio venit odore domum,
sed furtiva dedit mira munuscula nocte,
ipsius ex ipso dempta viri gremio.
quare illud satis est, si nobis is datur unis
quem lapide illa dies candidiore notat.
hoc tibi, quod potui, confectum carmine munus
pro multis, Alli, redditur officiis,
ne vestrum scabra tangat rubigine nomen
haec atque illa dies atque alia atque alia.

al bacio con assai più bramosa ingordigia
di quanto faccia femmina ingorda.
Tu i furori di questi superasti da sola
come ti unisti al tuo biondo marito.
Per nulla o poco a lei inferiore stringevo
in seno la mia luce, mentre intorno
le svolazzava in molti giri Cupido, splendido
nella fulgente tunica dorata.
E sebbene Catullo soltanto non le basti,
sopporterò le rare infedeltà
della casta padrona, per non infastidirla
da sciocco. Anche Giunone, dea suprema,
inghiotte la bruciante gelosia, conoscendo
le molte colpe del voglioso Giove.
Ma non è giusto gli uomini confrontare agli dèi.
. . . .

. . . .
Non essere pesante come un vecchio.
Non me la portò a casa per mano il genitore
tutta fragrante di profumi assiri,
ma una notte incredibile me la donò in segreto,
tolta appena all'abbraccio del marito.
Dunque basta se a me solo è concesso un giorno
che lei segni con un sassetto bianco.[34]
Questa composizione – di più non ho potuto –
ti dono, Allio, per tutti i tuoi favori,
perché né questo giorno né un altro o un altro mai
ricopra di aspra ruggine il tuo nome.

[34] Vedi per quest'usanza (di cui resta ancora incerta la pratica) anche c. CVII, 6.

huc addent divi quam plurima, quae Themis olim
    antiquis solita est munera ferre piis.
sitis felices et tu simul et tua vita,
    et domus ipsa in qua lusimus et domina,
et qui principio nobis terram dedit aufert,
    a quo sunt primo omnia nata bona,
et longe ante omnes mihi quae me carior ipso est,
    lux mea, qua viva vivere dulce mihi est.

Aggiungano gli dèi in gran numero i doni
   che anticamente Temi[35] offriva ai pii.
Felicità per te e anche per la tua donna
   e per la casa in cui ho amato la mia
e per colui che primo mi ha donato un approdo,
   origine di tutti i miei diletti,
e in specie per lei che amo più di me stesso, luce
   mia che, viva, mi fa dolce la vita!

[35] Dea della giustizia.

LXX

Nulli se dicit mulier mea nubere malle
    quam mihi, non si se Iuppiter ipse petat.
dicit: sed mulier cupido quod dicit amanti,
    in vento et rapida scribere oportet aqua.

70

La mia donna non vuole altro sposo che me
– dice –, manco se la chiedesse Giove.
Dice. Ma quel che dice donna all'innamorato
sul vento occorre scriverlo e sull'onda.

LXXII

Dicebas quondam solum te nosse Catullum,
    Lesbia, nec prae me velle tenere Iovem.
dilexi tum te non tantum ut vulgus amicam,
    sed pater ut gnatos diligit et generos.
nunc te cognovi: quare etsi impensius uror,
    multo mi tamen es vilior et levior.
qui potis est, inquis? quod amantem iniuria talis
    cogit amare magis, sed bene velle minus.

72

Solo Catullo un tempo, dicevi di conoscere,
    Lesbia,[36] e di preferirlo anche al dio Giove.
Allora m'eri cara non tanto come amante
    ma come al padre è caro il figlio o il genero.
Adesso ti conosco: e, se brucio più forte,
    per me hai perso però peso e valore.
E come? Perché hai offeso a tal punto il mio amore
    che amo di più ma voglio meno bene.

[36] Vedi c. V.

LXXV

Huc est mens deducta tua mea, Lesbia, culpa
atque ita se officio perdidit ipsa suo,
ut iam nec bene velle queat tibi, si optima fias,
nec desistere amare, omnia si facias.

75

Ecco per colpa tua dov'è giunto il mio cuore,
    Lesbia[37]; si è tanto perso per servirti
che più, anche migliorata, non può volerti bene;
    né smettere d'amarti, per quante ne facessi.

[37] Vedi c. V.

LXXVI

Siqua recordanti benefacta priora voluptas
est homini, cum se cogitat esse pium,
nec sanctam violasse fidem, nec foedere nullo
divum ad fallendos numine abusum homines,
multa parata manent in longa aetate, Catulle,
ex hoc ingrato gaudia amore tibi.
nam quaecumque homines bene cuiquam aut dicere possunt
aut facere, haec a te dictaque factaque sunt.
omnia quae ingratae perierunt credita menti.
quare iam te cur amplius excrucies?
quin tu animo offirmas atque istinc teque reducis,
et dis invitis desinis esse miser?
difficile est longum subito deponere amorem,
difficile est, verum hoc qua lubet efficias:
una salus haec est, hoc est tibi pervincendum,
hoc facias, sive id non pote sive pote.
o di, si vestrum est misereri, aut si quibus umquam
extremam iam ipsa in morte tulistis opem,
me miserum aspicite et, si vitam puriter egi,
eripite hanc pestem perniciemque mihi,
quae mihi subrepens imos ut torpor in artus
expulit ex omni pectore laetitias.
non iam illud quaero, contra me ut diligat illa,
aut, quod non potis est, esse pudica velit:
ipse valere opto et taetrum hunc deponere morbum.
o di, reddite mi hoc pro pietate mea.

76

Se il ricordo del bene fatto reca piacere
all'uomo, quando pensa d'esser giusto,
di non avere infranto la sacra fede o usato
male nei patti il nome degli dèi,
allora molte gioie, Catullo, ti verranno
per lunghi anni da questo ingrato amore.
Infatti tutto il bene che si può dire o compiere
per qualcuno, tu l'hai compiuto e detto.
Ma, rivolta a un'ingrata, la bontà è andata persa.
Dunque, perché vuoi infliggerti altre pene?
Perché non ti indurisci e dimentichi e smetti
la tristezza, che tanto spiace ai numi?
È difficile rompere d'un tratto un vecchio amore,
è difficile, certo, ma va fatto.
È la sola salvezza, devi riuscirci, fallo!,
possibile o impossibile che sia.
Dèi, se misericordi sapete essere o aiuto
mai portaste nell'ora della morte,
guardate alla mia pena e, se ho vissuto puro,
liberatemi dalla malattia
che, strisciandomi dentro come un sonno pesante,
mi ha cacciato dal cuore ogni letizia.
Non chiedo più che lei ricambi questo amore
o che – impensabile! – diventi casta.
Io voglio stare bene, vincere il tetro morbo.
Dèi, rendete il dovuto alla mia fede.

LXXXIII

Lesbia mi praesente viro mala plurima dicit:
   haec illi fatuo maxima laetitia est.
mule, nihil sentis? si nostri oblita taceret,
   sana esset: nunc quod gannit et obloquitur,
non solum meminit, sed, quae multo acrior est res,
   irata est. hoc est, uritur et loquitur.

LXXXV

Odi et amo. quare id faciam, fortasse requiris?
   nescio, sed fieri sentio et excrucior.

83

Lesbia[38] con il marito non fa che dirmi male:
e questo dà allo scemo un gran piacere.
Idiota, non capisci? Se tacesse, mi avrebbe
scordato; ma, poiché strepita tanto,
vuol dire che m'ha in mente; ma anche che – ancor più grave –
è furibonda: brucia, perciò parla.

85

Io odio e amo. Come può accadere che sia?
Non lo so. Ma è così; ed è la mia croce.

[38] Vedi c. V.

LXXXVI

Quintia formosa est multis. mihi candida, longa,
    recta est: haec ego sic singula confiteor.
totum illud formosa nego: nam nulla venustas,
    nulla in tam magno est corpore mica salis.
Lesbia formosa est, quae cum pulcerrima tota est,
    tum omnibus una omnis surripuit Veneres.

LXXXVII

Nulla potest mulier tantum se dicere amatam
    vere, quantum a me Lesbia amata mea est.
nulla fides ullo fuit umquam foedere tanta,
    quanta in amore tuo ex parte reperta mea est.

86

Per molti Quinzia[39] è bella. Io la trovo piacevole,
    alta, ben fatta: questo sì, ma bella
proprio no: non c'è punto del suo corpo
    che abbia eleganza, un minimo di luce.
Bella è Lesbia,[40] la quale da sola, splendidissima,
    si prende tutti i fascini di tutte.

87

Nessuna è stata amata tanto sinceramente
    quanto da me lo è stata la mia Lesbia.[41]
Nessuna fedeltà ha avuto tanta forza
    quanta te ne dimostra questo amore.

39 Forse una donna veronese imparentata con il Quinzio dei cc. LXXXII.

40 Vedi c. V.

41 Vedi c. V.

XCII

Lesbia mi dicit semper male nec tacet umquam
 de me: Lesbia me dispeream nisi amat.
quo signo? quia sunt totidem mea: deprecor illam
 assidue, verum dispeream nisi amo.

CIV

Credis me potuisse meae maledicere vitae,
 ambobus mihi quae carior est oculis?
non potui, nec, si possem, tam perdite amarem:
 sed tu cum Tappone omnia monstra facis.

92

Lesbia[42] mi dice sempre male né tace mai
di me: mi venga un colpo se non m'ama.
La prova? Io sono uguale. Continuo a bestemmiarla
ma che mi venga un colpo se non l'amo.

104

Credi che avrei potuto dire male della mia vita
che mi è più cara di tutti e due gli occhi?
Mai. Se avessi potuto, sarebbe stato amore?
Tu e Tappone[43] ne dite di scemenze.

42 Vedi c. V.

43 Ignoto.

CVII

Si quicquam cupido optantique optigit umquam
    insperanti, hoc est gratum animo proprie.
quare hoc est gratum nobis quoque carius auro
    quod te restituis, Lesbia, mi cupido.
restituis cupido atque insperanti, ipsa refers te
    nobis. o lucem candidiore nota!
quis me uno vivit felicior aut magis hac est
    optandus vita dicere quis poterit?

107

Ottenere qualcosa che desideravamo
    fuor di speranza, questo sì dà gioia.
Una gioia è per me, più cara assai dell'oro,
    riaverti dopo tanto desiderio,
Lesbia.[44] Tu che ritorni e più non ci speravo,
    tu di nuovo mia! Oh giorno da segnarsi![45]
C'è uomo più felice di me? Chi potrà dire
    che esista vita più bella di questa?

[44] Vedi c. V.

[45] La stessa idea, espressa in termini simili, si trova nel finale del c. LXVIIIb (vv. 147-148).

CIX

Iucundum, mea vita, mihi proponis amorem
    hunc nostrum inter nos perpetuumque fore.
di magni, facite ut vere promittere possit,
    atque id sincere dicat et ex animo,
ut liceat nobis tota perducere vita
    aeternum hoc sanctae foedus amicitiae.

109

Felice tu, mia vita, intendi che sarà
il nostro amore e che non avrà fine.
Dèi grandi, concedete che mi prometta il vero
e parli con sincerità, dal cuore,
così che manteniamo, finché si viva, eterno
il sacro vincolo del sentimento.

Quegli occhi tuoi dolcissimi

GIOVENZIO
UN ALTRO AMORE

XV

Commendo tibi me ac meos amores,
Aureli. veniam peto pudentem,
ut, si quicquam animo tuo cupisti,
quod castum expeteres et integellum,
conserves puerum mihi pudice,
non dico a populo – nihil veremur
istos, qui in platea modo huc modo illuc
in re praetereunt sua occupati, –
verum a te metuo tuoque pene
infesto pueris bonis malisque.
quem tu qua lubet, ut lubet, moveto
quantum vis, ubi erit foris paratum:
hunc unum excipio, ut puto, pudenter.
quod si te mala mens furorque vecors
in tantam impulerit, sceleste, culpam,
ut nostrum insidiis caput lacessas,
a tum te miserum malique fati!
quem attractis pedibus patente porta
percurrent raphanique mugilesque.

15

Ti affido, Aurelio,[1] me stesso e il mio amore.
E rispetto ti chiedo: se mai il tuo
cuore ha battuto per qualcuno che
desiderassi casto e immacolato,
proteggi il mio ragazzo dalle insidie,
non dico di chiunque – non mi turbano
quelli che passano di qua e di là
per la piazza pensando ai fatti loro –
di te, invece, ho paura e del tuo cazzo
che punta i buoni e i cattivi ragazzi.
Tu fallo andare pure dove e come
vuoi e quanto ti pare, se ti tira:
ma lui non lo includiamo, per favore.
Se però la tua foia matta mai
dovesse spingerti, furfante, a farmi
un tale vergognoso torto, allora
povero te! Che fine disgraziata!
Le gambe ti apriremo e dalla porta
muggini e rafani ti ficcheremo.

[1] Vedi c. XI.

XXIV

O qui flosculus es Iuventiorum,
non horum modo, sed quot aut fuerunt
aut posthac aliis erunt in annis,
mallem divitias Midae dedisses
isti, cui neque servus est neque arca,
quam sic te sineres ab illo amari.
'qui? non est homo bellus?' inquies. est:
sed bello huic neque servus est neque arca.
hoc tu quam lubet abice elevaque:
nec servum tamen ille habet neque arcam.

24

Tu, che sei il fiorellino dei Giovenzi,[2]
non soltanto di questi, ma di tutti
quelli che sono stati e mai saranno,
preferirei che al tipo, che non ha
servi né soldi, avessi dato i beni
di Mida[3] anziché il permesso di amarti.
"Come?" dici, "non è un uomo distinto?"
Distinto è, ma non ha servi né soldi.
Tu minimizza pure la faccenda:
costui, però, non ha servi né soldi.

[2] Antica e distinta famiglia romana, originaria di Tuscolo; il nome si trova anche a Verona. Giovenzio è ricordato anche nei cc. XV, XLVIII, LXXXI e XCIX.

[3] Re della Frigia. Secondo la leggenda il suo tocco tramutava ogni cosa in oro.

XL

Quaenam te mala mens, miselle Ravide,
agit praecipitem in meos iambos?
quis deus tibi non bene advocatus
vecordem parat excitare rixam?
an ut pervenias in ora vulgi?
quid vis? qualubet esse notus optas?
eris, quandoquidem meos amores
cum longa voluisti amare poena.

40

Ravido,[4] poveretto, quale abbaglio
ti getta a capofitto nei miei giambi?[5]
Quale divinità male invocata
cerca di scatenare un folle scontro?
O vuoi che tutti parlino di te?
La fama vuoi, comunque si presenti?
E l'avrai, visto che hai scelto di amare
l'amore mio[6]: ti costerà salato!

[4] Altrimenti ignoto.

[5] La poesia, in realtà, è scritta in endecasillabi faleci.

[6] O Lesbia o Giovenzio. Vedi cc. V e XXIV.

XLVIII

Mellitos oculos tuos, Iuventi,
si quis me sinat usque basiare,
usque ad milia basiem trecenta
nec numquam videar satur futurus,
non si densior aridis aristis
sit nostrae seges osculationis.

LXXXI

Nemone in tanto potuit populo esse, Iuventi,
    bellus homo, quem tu diligere inciperes,
praeterquam iste tuus moribunda ab sede Pisauri
    hospes inaurata pallidior statua,
qui tibi nunc cordi est, quem tu praeponere nobis
    audes, et nescis quod facinus facias?

48

Quegli occhi tuoi dolcissimi, Giovenzio,[7]
se potessi baciarli di continuo,
li bacerei trecentomila volte,
né mai mi sembrerebbe di saziarmi,
manco se fosse delle aride spighe
più fitta la messe di tutti i miei baci.

81

Tra così tanta gente, Giovenzio,[8] non potevi
    trovare un uomo bello con cui metterti
anziché quel tuo amico di Pesaro[9] – che posto
    malsano! – giallo più di un busto d'oro,
che adesso ti sta a cuore, che a me osi preferire,
    e non capisci il crimine che compi?

[7] Vedi cc. XV, XXIV e LXXXI.

[8] Vedi c. XLVIII.

[9] Ignoto.

XCIX

Surripui tibi, dum ludis, mellite Iuventi,
    suaviolum dulci dulcius ambrosia.
verum id non impune tuli: namque amplius horam
    suffixum in summa me memini esse cruce,
dum tibi me purgo nec possum fletibus ullis
    tantillum vestrae demere saevitiae.
nam simul id factum est, multis diluta labella
    guttis abstersisti omnibus articulis,
ne quicquam nostro contractum ex ore maneret,
    tamquam commictae spurca saliva lupae.
praeterea infesto miserum me tradere amori
    non cessasti omnique excruciare modo,
ut mi ex ambrosia mutatum iam foret illud
    suaviolum tristi tristius elleboro.
quam quoniam poenam misero proponis amori,
    numquam iam posthac basia surripiam.

99

Mentre giocavi, dolce Giovenzio,[10] ti ho rubato
un bacetto più dolce dell'ambrosia.
Ma mi è costato caro: ricordo che per più
di un'ora son rimasto sulla croce
a scusarmi con te, senza poter col pianto
diminuire un poco la tua rabbia.
Quando ho smesso, le labbra bagnate dalle molte
stille hai asciugato con tutte le dita
perché non vi restasse traccia della mia bocca,
manco fosse lo sputo di una troia.
E dopo hai continuato a rattristarmi il cuore
e a infliggermi ogni sorta di tormento
così che finalmente quel bacetto d'ambrosia
l'amaro ha preso dell'amaro elleboro.[11]
Se il mio povero amore viene punito tanto,
un bacio non lo ruberò mai più.

[10] Vedi c. XXIV.

[11] Fiore delle ranuncolacee, dalle cui radici si ricava un potente purgativo dal sapore amaro.

Per te ho composto questa poesia

GLI AMICI

IX

Verani, omnibus e meis amicis
antistans mihi milibus trecentis,
venistine domum ad tuos penates
fratresque unanimos anumque matrem?
venisti. o mihi nuntii beati!
visam te incolumem audiamque Hiberum
narrantem loca, facta nationes,
ut mos est tuus, applicansque collum
iucundum os oculosque suaviabor.
o quantum est hominum beatiorum,
quid me laetius est beatiusve?

9

Veranio,[1] che tra tanti amici che ho
passi avanti di centomila miglia,[2]
sei ritornato a casa tra i penati,
gli uniti fratelli e la vecchia madre?
Sei ritornato. Che felice nuova!
Ti vedrò sano e salvo e sentirò
che spieghi luoghi e fatti e genti iberiche,
com'è da te, e attirando a me il tuo collo
ti bacerò la cara bocca e gli occhi.
In tutto il mondo c'è felicità,
forse, che sia maggiore della mia?

[1] Appartenente alla coorte pretoria di un Pisone (forse L. Calpurnio Pisone Cesonino, che fu proconsole in Macedonia dal 57 al 55 a.C.). Qui, è appena ritornato dalla Spagna. Nominato anche nel c. XLVII.

[2] La frase è ambigua. Forse va interpretata in questo senso: "sei il migliore di gran lunga"; e non: "mi sei più amico di tutti gli altri". L'espressione latina *milibus trecentis* potrebbe anche essere intesa come semplice numerale.

XXX

Alfene immemor atque unanimis false sodalibus,
iam te nil miseret, dure, tui dulcis amiculi?
iam me prodere, iam non dubitas fallere, perfide?
nec facta impia fallacum hominum caelicolis placent.
quae tu neglegis ac me miserum deseris in malis.
eheu quid faciant, dic, homines cuive habeant fidem?
certe tute iubebas animam tradere, inique, me
inducens in amorem, quasi tuta omnia mi forent.
idem nunc retrahis te ac tua dicta omnia factaque
ventos irrita ferre ac nebulas aereas sinis.
si tu oblitus es, at di meminerunt, meminit Fides,
quae te ut paeniteat postmodo facti faciet tui.

30

Alfeno,[3] traditore dei compagni fedeli,
non senti più alcun bene, mostro, per il tuo amico?
Non esiti a ingannarmi, a voltarmi le spalle?
Le empie azioni dei falsi non piacciono agli dèi.
Ma ciò non ti preoccupa e mi lasci nel pianto.
Dimmi, che deve fare un uomo? A chi mai credere?
Ma tu, ingiusto, chiedevi che ti dessi il mio cuore,
e io cercavo il tuo affetto come un porto sicuro.
Ora ti tiri indietro e quel che hai detto e fatto
lasci che lo disperdano il vento e l'aria scura.
Ma se tu non ricordi, ricordano gli dèi,
e la Fede, che presto te ne farà pentire.

[3] Un amico altrimenti sconosciuto.

XXXVIII

Malest, Cornifici, tuo Catullo
malest, me hercule, et laboriose,
et magis magis in dies et horas.
quem tu, quod minimum facillimumque est,
qua solatus es allocutione?
irascor tibi. sic mcos amores?
paulum quid lubet allocutionis,
maestius lacrimis Simonideis.

38

Sta male, Cornificio,[4] il tuo Catullo;
malissimo, per Ercole, uno schifo,
e peggiora ogni giorno, d'ora in ora.
E tu forse – mica costava niente –
m'hai detto una parola di conforto?
Sono offeso. Così tratti i miei amori?
Una parola, quella che ti pare,
più dolente del pianto di Simonide.[5]

[4] Poeta, corrispondente di Cicerone. Nemico del secondo triumvirato, morì nel 41 a.C. in Africa, dove era proconsole.

[5] Il poeta greco di Ceo (556-467 a.C.), famoso per la sua capacità di commuovere.

L

Hesterno, Licini, die otiosi
multum lusimus in meis tabellis,
ut convenerat esse delicatos:
scribens versiculos uterque nostrum
ludebat numero modo hoc modo illoc,
reddens mutua per iocum atque vinum.
atque illinc abii tuo lepore
incensus, Licini, facetiisque,
ut nec me miserum cibus iuvaret
nec somnus tegeret quiete ocellos,
sed toto indomitus furore lecto
versarer, cupiens videre lucem,
ut tecum loquerer, simulque ut essem.
at defessa labore membra postquam
semimortua lectulo iacebant,
hoc, iucunde, tibi poema feci,
ex quo perspiceres meum dolorem.
nunc audax cave sis, precesque nostras,
oramus, cave despuas, ocelle,
ne poenas Nemesis reposcat a te.
est vemens dea: laedere hanc caveto.

50

Ieri abbiamo trascorso la giornata,
Licinio,[6] a scriver versi sui miei fogli
assai eleganti, come si voleva.
Dando ora questo ora quell'andamento
ognuno di noi due ne componeva,
a turno, tra un bicchiere e una battuta.
Da lì sono venuto via infiammato
dal tuo aggraziato spirito, Licinio,
così che il cibo ha perso ogni sapore
e il sonno non mi ha chiuso gli occhi stanchi.
E nel letto mi sono rigirato,
impazzito, aspettando il nuovo giorno,
per parlare con te e con te ritrovarmi.
Finché, sentendo male in ogni parte,
disteso, mia letizia, mezzo morto,
per te ho composto questa poesia,
perché vedessi la mia sofferenza.
Non essere sdegnoso e non schifare,
ti prego, la mia supplica, o adorato,
se vuoi che Nemesi[7] ti lasci indenne.
È dea superba: attento a non urtarla!

[6] Licinio Calvo.

[7] La dea che punisce la presunzione umana. Invocata anche come dea di Ramnunte: vedi cc. LXIV, 395 e LXVIIIb, 77.

LV

Oramus, si forte non molestum est,
demonstres ubi sint tuae tenebrae.
te Campo quaesivimus minore,
te in Circo, te in omnibus libellis,
te in templo summi Iovis sacrato.
in Magni simul ambulatione
femellas omnes, amice, prendi,
quas vultu vidi tamen sereno.
avelte, sic ipse flagitabam,
Camerium mihi pessimae puellae.
quaedam inquit, nudum reduc...
'en hic in roseis latet papillis.'
sed te iam ferre Herculei labos est;
tanto te in fastu negas, amice.
dic nobis ubi sis futurus, ede
audacter, committe, crede luci.
nunc te lacteolae tenent puellae?

55

Ti prego, se non ti dispiace, spiegami
dove ti sei nascosto! Ti ho cercato
per il Campo minore,[8] per il Circo,[9]
ho fatto il giro delle librerie,
controllato il tempio del grande Giove.[10]
Intanto nel portico di Pompeo[11]
fermavo tutte le donnine, amico,
che avessero una faccia ben disposta.
Su, le pregavo, tiratemi fuori
Camerio,[12] cattivelle. Una mi ha detto,
denudandosi il petto: "Eccolo qui,[13]
che si appiatta tra i miei seni di rosa".
Questa è fatica per le spalle di Ercole[14]:
ti neghi, amico, con tale superbia!
Dimmi dove ti si trova, su, coraggio,
parla, confìdati, fuori il segreto.
Ti trattengono candide ragazze?

[8] Piazza adiacente al Campo Marzio.

[9] Il Circo Massimo, tra Palatino e Aventino.

[10] Il tempio di Giove Capitolino.

[11] Costruito nel 55 e completato nel 52.

[12] Ignoto. Nominato anche in c. LVIIIb, 7.

[13] Il testo è guasto a partire dalla seconda parte del v. 11. La traduzione risolve la lacuna *ad sensum*.

[14] Il semidio delle famose fatiche.

si linguam clauso tenes in ore,
fructus proicies amoris omnes.
verbosa gaudet Venus loquella.
vel, si vis, licet obseres palatum,
dum vestri sim particeps amoris.

Se resti a bocca chiusa, finirai
per sprecare i piaceri dell'amore.
Venere ha il gusto delle confidenze.
D'accordo, non parlare, se non vuoi,
ma del tuo amore dammi un pochettino.[15]

[15] Chiusa ambigua: "dammi il tuo affetto" oppure "tirami dentro le tue avventure".

LVIII b

Non custos si fingar ille Cretum,
non Ladas ego pinnipesve Perseus,
non si Pegaseo ferar volatu,
non Rhesi niveae citaeque bigae;
adde huc plumipedas volatilesque,
ventorumque simul require cursum,
quos iunctos, Cameri, mihi dicares:
defessus tamen omnibus medullis
et multis languoribus peresus
essem te mihi, amice, quaeritando.

58 b

Né se mi tramutassi nel guardiano
di Creta[16] o in Lada[17] o in Pèrseo[18] pennìpede
né se in volo pegaseo[19] mi librassi
o fossi la pariglia nivea e rapida
di Reso[20]; e a questi aggiungici i plumipedi
e i volatili e insegui i venti in corsa,
Camerio,[21] e a me consacrali ben stretti:
sfinito tuttavia fin dentro le ossa
e devastato da molte fatiche
sarei, mio amico, a furia di cercarti.

[16] Talos, un gigante di bronzo, che il dio Efesto costruì per il re Minosse come guardiano della costa.

[17] Il corridore spartano vincitore della gara d'Olimpia; morì nell'istante della vittoria e il suo nome divenne emblema di velocità.

[18] L'eroe fondatore di Micene famoso per aver sconfitto diversi mostri. Ricevette calzari alati in dono dalle ninfe prima di partire alla ricerca della Gorgone Medusa.

[19] Dal nome di Pegaso, il cavallo alato di Bellerofonte.

[20] Re della Tracia, andò in aiuto di Priamo a Troia con la sua squadra di cavalli bianchi; la notte del suo arrivo i rivali Odisseo e Diomede saccheggiarono il suo accampamento, catturarono i suoi cavalli e uccisero il padrone. I cavalli bianchi erano considerati i più veloci.

[21] Vedi c. LV.

LXXVII

Rufe mihi frustra ac nequiquam credite amice
(frustra? immo magno cum pretio atque malo),
sicine subrepsti mi, atque intestina perurens
ei misero eripuisti omnia nostra bona?
eripuisti, heu heu nostrae crudele venenum
vitae, heu heu nostrae pestis amicitiae.

77

Rufo, che inutilmente credevo essermi amico
    (inutilmente? peggio, a caro prezzo)
così sei entrato in me e, bruciandomi dentro,
    ti sei portato via ogni mio bene?
Sì, questo hai fatto, ahi!, veleno della mia
    vita, ahi!, cancro della nostra amicizia.

XCVI

Si quicquam mutis gratum acceptumve sepulcris
    accidere a nostro, Calve, dolore potest,
quo desiderio veteres renovamus amores
    atque olim missas flemus amicitias,
certe non tanto mors immatura dolori est
    Quintiliae, quantum gaudet amore tuo.

96

Se dal nostro dolore, Calvo, qualche piacere
potrà giungere mai ai muti sepolcri,
dalla nostalgia che rinnova i vecchi amori
e piange i sentimenti di una volta,
l'acerba morte tanto non offende Quintilia,[22]
dunque, quanto le dà gioia il tuo amore.

[22] La moglie di Calvo, morta prematuramente.

CII

Si quicquam tacito commissum est fido ab amico,
cuius sit penitus nota fides animi,
meque esse invenies illorum iure sacratum,
Corneli, et factum me esse puta Arpocratem.

102

Se esiste amico cui confidare un segreto
    con la certezza che non parlerà,
vedrai, Cornelio, che son io quel fedelissimo:
    considerami in pratica un Arpòcrate.

Cingi le tempie con fiori

NOZZE

LXI

Collis o Heliconii
cultor, Uraniae genus,
qui rapis teneram ad virum
virginem, o Hymenaee Hymen,
    o Hymen Hymenaee;

cinge tempora floribus
suave olentis amaraci,
flammeum cape laetus, huc
huc veni, niveo gerens
    luteum pede soccum;

excitusque hilari die,
nuptialia concinens
voce carmina tinnula,
pelle humum pedibus, manu
    pineam quate taedam.

61

O del colle eliconio[1]
signore, figlio di Urania,[2]
che all'uomo trascini la tenera
vergine, o Imeneo[3] Imene,
    o Imene Imeneo;

cingi le tempie con fiori
di maggiorana olezzante,
prendi il fiammeo[4] velo e lieto
qui vieni, calzato il niveo
    piede nel giallo socco;

chiamato nel giorno di festa,
cantando i canti nuziali
con voce squillante, batti
coi piedi la terra, scuoti
    in mano la teda di pino.

[1] Il monte Elicona, a ovest di Tebe, sede delle Muse.

[2] Musa dell'astronomia. Suo padre era Apollo.

[3] Divinità greca delle nozze. Lo stesso ritornello col suo nome compare in Euripide, Aristofane e Teocrito; e in Plauto.

[4] Il velo della sposa romana era di colore arancione.

namque Iunia Manlio,
qualis Idalium colens
venit ad Phrygium Venus
iudicem, bona cum bona
nubet alite virgo,

floridis velut enitens
myrtus Asia ramulis
quos Hamadryades deae
ludicrum sibi roscido
nutriunt umore.

quare age, huc aditum ferens,
perge linquere Thespiae
rupis Aonios specus,
nympha quos super irrigat
frigerans Aganippe.

ac domum dominam voca
coniugis cupidam novi,
mentem amore revinciens,

Poiché Giunia[5] sposa Manlio,[6]
uguale alla dea dell'Idalio,[7]
Venere, quando al giudizio
venne del Frigio,[8] vergine
buona con buon auspicio,

splendente come mirto
d'Asia dai rami fioriti
che le amadriadi dee
per loro piacere nutrono
di rorido umore.

Suvvia, dunque, arriva, affrettati
a lasciare del tespio
monte[9] l'aonio speco[10]
che l'acqua rinfresca
della ninfa Aganippe.[11]

E a casa porta la donna
vogliosa del nuovo sposo,
legandole il cuore d'amore,

[5] Detta più sotto Aurunculeia, forse nome di famiglia della madre.

[6] Forse il Manlio Torquato che ebbe la pretura nel 49 a.C. e morì nel 47 in Africa. Cicerone lo presenta come esponente dell'epicureismo (nel *De finibus*) e uomo di cultura e buon parlatore (*Brutus*).

[7] Idalio era un celebre luogo di culto a Cipro.

[8] Il troiano Paride, che in un celebre concorso tra dee assegnò la palma della bellezza a Venere.

[9] L'Elicona (vedi sopra nota 1, p. 101), ai piedi del quale si trovava la città di Tespie.

[10] Le grotte del monte sono dette così dal nome della regione, Aonia.

[11] Ninfa e fonte omonima.

ut tenax hedera huc et huc
arborem implicat errans.

vosque item simul, integrae
virgines, quibus advenit
par dies, agite in modum
dicite, o Hymenaee Hymen,
o Hymen Hymenaee.

ut libentius, audiens
se citarier ad suum
munus, huc aditum ferat
dux bonae Veneris, boni
coniugator amoris.

quis deus magis est ama-
tis petendus amantibus?
quem colent homines magis
caelitum, o Hymenaee Hymen,
o Hymen Hymenaee?

te suis tremulus parens
invocat, tibi virgines
zonula solvunt sinus,
te timens cupida novos
captat aure maritus.

tu fero iuveni in manus
floridam ipse puellulam
dedis a gremio suae
matris, o Hymenaee Hymen,
o Hymen Hymenaee.

come edera tenace stringe
mobile il tronco da ogni parte.

E con me parimenti, intatte
vergini, per le quali è presso
simile giorno, suvvia dite
a tempo: O Imeneo Imene,
o Imene Imeneo.

Che più volentieri,
sentendosi chiamato
al suo ufficio, qui arrivi
l'araldo di buona Venere
a unire un buon amore!

Qual dio potrebbero meglio
pregare gli innamorati?
Quale più onorare gli uomini
dei celesti, o Imeneo Imene,
o Imene Imeneo?

Te per i suoi il padre tremulo
invoca, per te le vergini
sciolgono la veste del cinto,
te trepidante aspetta il nuovo
marito con cupido orecchio.

Tu in mano al giovane fiero
metti la fiorente fanciulla
tolta all'abbraccio della cara
madre, o Imeneo Imene,
o Imene Imeneo.

nil potest sine te Venus,
fama quod bona comprobet,
commodi capere, at potest
te volente. quis huic deo
compararier ausit?

nulla quit sine te domus
liberos dare, nec parens
stirpe nitier; ac potest
te volente. quis huic deo
compararier ausit?

quae tuis careat sacris,
non queat dare praesides
terra finibus: at queat
te volente. quis huic deo
compararier ausit?

claustra pandite ianuae.
virgo adest. viden ut faces
splendidas quatiunt comas?
. . . .
. . . .

. . . .
. . . .
tardet ingenuus pudor.
quem tamen magis audiens,
flet quod ire necesse est.

Senza di te non può Venere
alcun frutto cogliere che
buona fama approvi, ma può
se vuoi tu. Chi oserebbe
    paragonarsi a un tal dio?

Senza di te nessuna casa
può dare figli, né padre
contare su stirpe; ma può
se vuoi tu. Chi oserebbe
    paragonarsi a un tal dio?

Priva dei tuoi sacri riti
nessuna terra potrà dare
difensori ai confini: può,
però, se vuoi tu. Chi oserebbe
    paragonarsi a un tal dio?

Spalancate la porta.
La vergine è qui. Ecco le torce
scuotere le splendide chiome
. . . .
. . . .

. . . .
. . . .
l'attarda onesto pudore.
E ascoltando questo piuttosto,
    piange che debba andare.

flere desine. non tibi Au-
runculeia periculum est,
ne qua femina pulcrior
clarum ab Oceano diem
viderit venïentem.

talis in vario solet
divitis domini hortulo
stare flos hyacinthinus.
sed moraris, abit dies.
prodeas nova nupta.

prodeas nova nupta, si
iam videtur, et audias
nostra verba. viden? faces
aureas quatiunt comas:
prodeas nova nupta.

non tuus levis in mala
deditus vir adultera,
probra turpia persequens,
a tuis teneris volet
secubare papillis,

lenta sed velut adsitas
vitis implicat arbores,
implicabitur in tuum
complexum. sed abit dies:
prodeas nova nupta.

Smetti di piangere. Non c'è
pericolo, Aurunculeia,[12]
che donna più bella
chiaro dal vasto mare
    veda sorgere il giorno.

Sei come un giacinto
che alza il capo nel giardino
multicolore di un ricco.
Ma indugi, il giorno passa.
    Vieni avanti, sposa novella.

Vieni avanti, sposa novella,
se sei pronta a venire,
e ascolta le mie parole. Vedi?
Le torce scuotono auree chiome:
    vieni avanti, sposa novella.

Infedele, non vorrà,
dandosi a un'altra, grave
vergogna compiendo, tuo
marito dormire lontano
    dai tuoi teneri seni

ma come la vite flessuosa
si stringe agli alberi vicini
si fonderà con te
nell'abbraccio. Ma il giorno passa:
    vieni avanti, sposa novella.

[12] Vedi nota 5 p. 103.

o cubile, quod omnibus
. . . .
. . . .
. . . .
candido pede lecti,

quae tuo veniunt ero,
quanta gaudia, quae vaga
nocte, quae medio die
gaudeat! sed abit dies:
prodeas nova nupta.

tollite, o pueri, faces:
flammeum video venire.
ite concinite in modum
‘io Hymen Hymenaee io,
io Hymen Hymenaee.’

ne diu taceat procax
Fescennina iocatio,
nec nuces pueris neget
desertum domini audiens
concubinus amorem.

O talamo che a tutti
. . . .
. . . .
. . . .
letto dal piede bianco,

quali gioie per il padrone
e quanto grandi nel rapido buio
notturno e nel meriggio
godrà! Ma il giorno passa:
vieni avanti, sposa novella.

Alzate, ragazzi, le torce:
vedo il velo venire.
Avanti, cantate a tempo:
"Evviva Imene Imeneo evviva,
evviva Imene Imeneo!".

Né taccia più il salace
scherzo fescennino[13]
né neghi le noci[14] ai bambini
il concubino[15] sapendo
rotto l'amore del padrone.

[13] Rituale pratica derisoria, associata con la città falisca di Fescennium. L'aggettivo sembra derivare piuttosto dalla parola *fascinum*, che indica il malocchio: la derisione pubblica serve, in effetti, a proteggere le persone felici dai negativi effetti dell'invidia.

[14] Le noci vengono lanciate durante il canto fescennino. L'origine dell'usanza resta ignota, ma il lancio delle noci chiaramente rappresenta un rito di passaggio, attraverso cui il giovane amante maschio riconosce di non appartenere più al suo padrone e di dover fare posto alla sposa novella.

[15] Il giovane schiavo amante del padrone.

da nuces pueris, iners
concubine! satis diu
lusisti nucibus: lubet
iam servire Talasio.
  concubine, nuces da.

sordebant tibi villicae,
concubine, hodie atque heri:
nunc tuum cinerarius
tondet os. miser a miser
  concubine, nuces da.

diceris male te a tuis
unguentate glabris marite
abstinere, sed abstine.
io Hymen Hymenaee io,
  io Hymen Hymenaee.

scimus haec tibi quae licent
sola cognita, sed marito
ista non eadem licent.
io Hymen Hymenaee io,
  io Hymen Hymenaee.

nupta, tu quoque quae tuus
vir petet cave ne neges,
ni petitum aliunde eat.

Da' le noci ai bambini, ozioso
concubino! Hai con le noci
giocato abbastanza: adesso
bisogna servire Talasio.[16]
Da', concubino, le noci.

Disprezzavi le contadine,
concubino, fino a ieri:
adesso il barbiere ti taglia
i capelli. Oh disgraziato
concubino, da' le noci.[17]

Si dice che malvolentieri,
olezzante marito, rinunci
ai tuoi imberbi, ma devi.
Evviva Imene Imeneo evviva,
evviva Imene Imeneo!

Sappiamo che è permesso
tutto quello che hai fatto:
sposato, non puoi farlo più.
Evviva Imene Imeneo evviva,
evviva Imene Imeneo!

Sposa anche tu non negare
quel che il tuo uomo ti chiede,
che altrove non vada a cercarlo.

[16] Dio delle nozze. Servendo tale dio, il concubino smette di essere al servizio sessuale del padrone.

[17] Il taglio dei capelli, come il lancio delle noci, significa che anche il concubino è ormai pronto – anche se mal disposto – per la vita eterosessuale.

io Hymen Hymenaee io,
io Hymen Hymenaee.

en tibi domus ut potens
et beata viri tui,
quae tibi sine serviat
(io Hymen Hymenaee io,
io Hymen Hymenaee)

usque dum tremulum movens
cana tempus anilitas
omnia omnibus annuit.
io Hymen Hymenaee io,
io Hymen Hymenaee.

transfer omine cum bono
limen aureolos pedes,
rasilemque subi forem.
io Hymen Hymenaee io,
io Hymen Hymenaee.

aspice intus ut accubans
vir tuus Tyrio in toro
totus immineat tibi.
io Hymen Hymenaee io,
io Hymen Hymenaee.

illi non minus ac tibi
pectore uritur intimo
flamma, sed penite magis.
io Hymen Hymenaee io,
io Hymen Hymenaee.

Evviva Imene Imeneo evviva,
    evviva Imene Imeneo!

Com'è ricca e potente
la casa del tuo uomo,
lascia che sia al tuo servizio,
evviva Imene Imeneo evviva,
    evviva Imene Imeneo!,

finché la bianca vecchiaia
che scuote il tremulo capo
non venga a dir sempre di sì.
Evviva Imene Imeneo evviva,
    evviva Imene Imeneo!

Spingi con buon auspicio
oltre la soglia gli aurei piedi,
passa sotto la liscia porta.
Evviva Imene Imeneo evviva,
    evviva Imene Imeneo!

Vedi come dentro disteso
il tuo uomo sul letto tirio
sia tutto in attesa di te.
Evviva Imene Imeneo evviva,
    evviva Imene Imeneo!

A lui non meno che a te
brucia nel fondo del petto
la fiamma, ma ancora più a fondo.
Evviva Imene Imeneo evviva,
    evviva Imene Imeneo!

mitte brachiolum teres,
praetextate, puellulae:
iam cubile adeat viri.
io Hymen Hymenaee io,
io Hymen Hymenaee.

vos bonae senibus viris
cognitae bene feminae
collocate puellulam.
io Hymen Hymenaee io,
io Hymen Hymenaee.

iam licet venias, marite:
uxor in thalamo tibi est,
ore floridulo nitens,
alba parthenice velut
luteumve papaver.

at, marite, ita me iuvent
caelites, nihilo minus
pulcer es, neque te Venus
neglegit. sed abit dies:
perge, ne remorare.

non diu remoratus es:
iam venis. bona te Venus
iuverit, quoniam palam
quod cupis cupis, et bonum
non abscondis amorem.

ille pulveris Africi
siderumque micantium
subducat numerum prius,

Della vergine lascia andare,
fanciullo, il tenero braccio:
che entri nel letto nuziale.
Evviva Imene Imeneo evviva,
    evviva Imene Imeneo!

E voi, buone matrone,
brave mogli di vecchi mariti,
ponete sul letto la vergine.
Evviva Imene Imeneo evviva,
    evviva Imene Imeneo!

Puoi venire, marito.
Tua moglie è entrata nel letto,
splendente nel florido volto,
come candida margherita
    e rosso papavero.

Né tu, marito, mi assistano
i celesti, sei meno
bello; Venere te nemmeno
disdegna. Ma il giorno passa:
    avanti, non indugiare.

Ma troppo non hai indugiato;
ecco che arrivi. La Venere giusta
ti aiuti, poiché apertamente
ciò che brami tu brami, e un giusto
    amore non nascondi.

Prima il numero dei granelli
della sabbia africana
o delle stelle lucenti

qui vestri numerare volt
multa milia ludi.

ludite ut lubet, et brevi
liberos date. non decet
tam vetus sine liberis
nomen esse, sed indidem
semper ingenerari.

Torquatus volo parvulus
matris e gremio suae
porrigens teneras manus
dulce rideat ad patrem
semihiante labello.

sit suo similis patri
Manlio et facile insciis
noscitetur ab omnibus,
et pudicitiam suae
matris indicet ore.

talis illius a bona
matre laus genus approbet,
qualis unica ab optima
matre Telemacho manet
fama Penelopeo.

si potrà calcolare
    che i vostri giochi amorosi.

Giocate come vi piace
e fate presto figli. Casa
tanto antica non deve
restare senza figli, ma
    sempre rigenerarsi.

Un piccolo Torquato voglio
che dal grembo della madre
tendendo le manine
sorrida dolcemente al padre
    con le labbra dischiuse.

Che sia simile al padre
Manlio e con facilità
lo riconoscano gli estranei
e la modestia della madre
    ripeta nell'aspetto.

E alla stirpe dia lustro
quel suo valore materno
simile a quello che prese
Telemaco[18] dal buon nome
    della madre Penelope.[19]

[18] Il figlio di Ulisse.

[19] La moglie di Ulisse, modello di fedeltà coniugale.

claudite ostia, virgines:
lusimus satis. at boni
coniuges, bene vivite et
munere assiduo valentem
exercete iuventam.

Fanciulle, chiudete le porte:
abbiamo cantato abbastanza.
Ma voi, buoni sposi, bene
vivete e senza risparmio
    godetevi a letto i verdi anni.

LXII

Vesper adest, iuvenes, consurgite: Vesper Olympo
exspectata diu vix tandem lumina tollit.
surgere iam tempus, iam pinguis linquere mensas,
iam veniet virgo, iam dicetur hymenaeus.
Hymen o Hymenaee, Hymen ades o Hymenaee!

Cernitis, innuptae, iuvenes? consurgite contra;
nimirum Oetaeos ostendit Noctifer ignes.
sic certest; viden ut perniciter exsiluere?
non temere exsiluere, canent quod vincere par est.

Hymen o Hymenaee, Hymen ades o Hymenaee!
Non facilis nobis, aequales, palma parata est:
aspicite, innuptae secum ut meditata requirunt.
non frustra meditantur: habent memorabile quod sit;
nec mirum, penitus quae tota mente laborant.

nos alio mentes, alio divisimus aures;
iure igitur vincemur: amat victoria curam.
quare nunc animos saltem convertite vestros;
dicere iam incipient, iam respondere decebit.
Hymen o Hymenaee, Hymen ades o Hymenaee!

62

Vespero[20] è qui, levatevi, giovani: Vespero al cielo
le luci a lungo attese finalmente ha portato.
Ora è tempo di alzarsi, di lasciare le ricche mense,
ora arriva la vergine, ora si canterà l'imeneo.
Imene,[21] Imeneo, o vieni, Imene, Imeneo!

Vedete, vergini, i giovani? Levatevi anche voi:
l'astro notturno mostra i suoi fuochi sull'Eta.[22]
È così: vedete con che fretta sono balzati!
E non per niente: canteranno canto vincente.
Imene, Imeneo, o vieni, Imene, Imeneo!

Non facile palma, compagni, ci attende;
guardate come le vergini ripassan le parti.
Parti ben studiate, che restano nella memoria.
Niente di strano, quelle con tutta la mente si impegnano.

Noi qua la mente mandiamo, là le orecchie; è giusto,
dunque, se perdiamo; la vittoria vuole fatica.
Perciò, adesso almeno rivolgete i cuori alla gara.
Loro attaccheranno, noi occorre che rispondiamo.
Imene, Imeneo, o vieni, Imene, Imeneo!

[20] Il pianeta Venere, che spunta la sera, quando in genere si celebrano le nozze.

[21] Vedi c. LXI, 4 e nota.

[22] Monte a circa novanta chilometri di distanza dall'Olimpo, noto per un culto di Vespero.

Hespere, quis caelo fertur crudelior ignis?
qui natam possis complexu avellere matris,
complexu matris retinentem avellere natam,
et iuveni ardenti castam donare puellam.
quid faciunt hostes capta crudelius urbe?
Hymen o Hymenaee, Hymen ades o Hymenaee!

Hespere, quis caelo lucet iucundior ignis?
qui desponsa tua firmes conubia flamma,
quae pepigere viri, pepigerunt ante parentes,
nec iunxere prius quam se tuus extulit ardor.
quid datur a divis felici optatius hora?
Hymen o Hymenaee, Hymen ades o Hymenaee!

Hesperus e nobis, aequales, abstulit unam.
. . . .
. . . .
namque tuo adventu vigilat custodia semper,
nocte latent fures, quos idem saepe reuertens,
Hespere, mutato comprendis nomine Eous
at lubet innuptis ficto te carpere questu.
quid tum, si carpunt, tacita quem mente requirunt?
Hymen o Hymenaee, Hymen ades o Hymenaee!

Ut flos in saeptis secretus nascitur hortis,
ignotus pecori, nullo convolsus aratro,
quem mulcent aurae, firmat sol, educat imber;
multi illum pueri, multae optavere puellae:
idem cum tenui carptus defloruit ungui,
nulli illum pueri, nullae optavere puellae:

Espero,[23] qual è più crudele face nel firmamento?
Tu puoi strappare la figlia dall'abbraccio materno,
dall'abbraccio materno la figlia avvinghiata,
e la casta vergine offrire al giovane ardente.
Presa la città, il nemico commette maggior crudeltà?
Imene, Imeneo, o vieni, Imene, Imeneo!

Espero, qual è più benigna face nel firmamento?
Tu saldi con la tua fiamma il patto matrimoniale
che promise il marito e promisero i genitori,
né strinsero prima che fosse salito il tuo lume.
Donano cosa più bella gli dèi di quest'ora felice?
Imene, Imeneo, o vieni, Imene, Imeneo!

Espero una di noi, compagne, ha rapito.
. . . .
. . . .
infatti al tuo arrivo veglia sempre il guardiano,
la notte nasconde i ladri che tu tornando uguale,
Espero, spesso sorprendi, preso il nome d'Eoo.[24]
E piace alle vergini rivolgerti finti lamenti.
Ma a che serve se ti ricercano nel silenzio dei cuori?
Imene, Imeneo, o vieni, Imene, Imeneo!

Come fiore segreto nasce in orto protetto,
ignoto al bestiame, non tocco da aratro,
che il vento carezza, il sole rafforza, la pioggia alleva;
molti giovani e molte ragazze lo volevano;
appena colto dall'unghia sottile sfiorisce,
nessun giovane più, nessuna ragazza lo vuole:

[23] Variante greca di Vespero.

[24] Cioè, stella mattutina (Lucifero).

sic virgo, dum intacta manet, dum cara suis est;
cum castum amisit polluto corpore florem,
nec pueris iucunda manet, nec cara puellis.
Hymen o Hymenaee, Hymen ades o Hymenaee!

Ut vidua in nudo vitis quae nascitur aruo,
numquam se extollit, numquam mitem educat uvam,
sed tenerum prono deflectens pondere corpus
iam iam contingit summum radice flagellum;
hanc nulli agricolae, nulli coluere iuvenci:
at si forte eadem est ulmo coniuncta marito,
multi illam agricolae, multi coluere iuvenci:
sic virgo dum intacta manet, dum inculta senescit;
cum par conubium maturo tempore adepta est,
cara viro magis et minus est invisa parenti.
<Hymen o Hymenaee, Hymen ades o Hymenaee!>

Et tu ne pugna cum tali coniuge, virgo.
non aequom est pugnare, pater cui tradidit ipse,
ipse pater cum matre, quibus parere necesse est.
virginitas non tota tua est, ex parte parentum est,
tertia pars patrist, pars est data tertia matri,
tertia sola tua est: noli pugnare duobus,
qui genero suo iura simul cum dote dederunt.
Hymen o Hymenaee, Hymen ades o Hymenaee!

così la vergine, finché resta intatta e cara ai suoi;
appena, violato il corpo, si perde il casto fiore,
gradita più non è ai giovani, né cara alle ragazze.
Imene, Imeneo, o vieni, Imene, Imeneo!

Come la vite che nasce sola su nudo terreno,
mai cresce in altezza, mai produce grappoli dolci,
ma piegando sotto il peso il tenero corpo
ecco che tocca con la radice il sarmento più alto;
questa né contadino, né giovenco la guarda;
ma se la stessa per caso si sposa con l'olmo,
molti contadini allora, molti giovenchi la guardano:
così la vergine, se resta intatta, se invecchia negletta;
quando invece si unisce in nozze all'ora dovuta,
è più cara al marito e meno sgradita al padre.
<Imene, Imeneo, o vieni, Imene, Imeneo!>

E tu non ribellarti, vergine, a un tale sposo.
Non è giusto ribellarsi all'uomo cui ti ha data il padre,
il padre con la madre, ai quali si deve obbedire.
La verginità non è tutta tua, in parte è dei genitori,
un terzo appartiene al padre, un terzo alla madre,
un terzo solo a te: non ribellarti ai due
che al genero hanno ceduto con la dote i loro diritti.
Imene, Imeneo, o vieni, Imene, Imeneo!

LXIV

Peliaco quondam prognatae vertice pinus
dicuntur liquidas Neptuni nasse per undas
Phasidos ad fluctus et fines Aeeteos,
cum lecti iuvenes, Argivae robora pubis,
auratam optantes Colchis avertere pellem
ausi sunt vada salsa cita decurrere puppi,
caerula verrentes abiegnis aequora palmis.
diva quibus retinens in summis urbibus arces
ipsa levi fecit volitantem flamine currum,
pinea coniungens inflexae texta carinae.
illa rudem cursu prima imbuit Amphitriten;
quae simul ac rostro ventosum proscidit aequor
tortaque remigio spumis incanuit unda,
emersere freti candenti e gurgite vultus
aequoreae monstrum Nereides admirantes.

64

I pini nati in vetta al Pelio[25] un tempo
si narra che di Nettuno[26] solcarono l'onde chiare
fino ai flutti del Fasi[27] e ai confini di Eeta[28]
quando, vigore di Grecia, giovani scelti,
desiderosi di togliere ai Colchi[29] il vello d'oro,
osarono rapida poppa lanciare sui guadi salati,
la piana cerulea battendo con remi d'abete.
L'abitatrice immortale dell'alta fortezza
fece per loro il carro che vola ai soffi leggeri,
collegando le assi di pino della curva carena.
Questa insegnò per prima le rotte all'ingenua Anfitrite.[30]
Come il rostro ebbe inciso la distesa ventosa
e ritorta dal remeggio schiumeggiato l'onda
alzarono dal bianco gorgo i volti
le equoree Nereidi[31] ad ammirare il prodigio.

[25] Monte della Tessaglia.

[26] Il dio del mare (il greco Posidone).

[27] Fiume della Colchide che scorreva da una sorgente nel Caucaso per sboccare nel Mar Nero.

[28] Re della Colchide, regione affacciata sulla costa orientale del Mar Nero (corrispondente all'attuale Georgia occidentale).

[29] Gli abitanti della Colchide. Vedi nota precedente.

[30] Una delle cinquanta ninfe Nereidi figlie del fiume Nereo; moglie di Posidone (Nettuno).

[31] Vedi nota precedente.

illa, atque haud alia, viderunt luce marinas
mortales oculis nudato corpore Nymphas
nutricum tenus exstantes e gurgite cano.
tum Thetidis Peleus incensus fertur amore,
tum Thetis humanos non despexit hymenaeos,
tum Thetidi pater ipse iugandum Pelea sensit.
o nimis optato saeclorum tempore nati
heroes, salvete, deum genus! o bona matrum
progenies, salvete iterum...
vos ego saepe, meo vos carmine compellabo.
teque adeo eximie taedis felicibus aucte,
Thessaliae columen Peleu, cui Iuppiter ipse,
ipse suos divum genitor concessit amores;
tene Thetis tenuit pulcerrima Nereine?
tene suam Tethys concessit ducere neptem,
Oceanusque, mari totum qui amplectitur orbem?
quae simul optatae finito tempore luces
advenere, domum conventu tota frequentat
Thessalia, oppletur laetanti regia coetu:
dona ferunt prae se, declarant gaudia vultu.
deseritur Cieros, linquunt Pthiotica Tempe
Crannonisque domos ac moenia Larisaea,

Quel giorno e mai più i mortali videro il corpo
nudo delle Ninfe marine coi loro occhi
levarsi fino al seno dall'abisso candente.
Allora, raccontano, Pèleo[32] s'infiammò d'amore per Teti,[33]
allora non sdegnò Teti umani imenei,
allora il padre stesso unì Teti a Pèleo.
O nati in tempi che non ritorneranno
eroi, salute a voi, stirpe di dèi! O eccelsa progenie
di madri, di nuovo salute!...
Voi col mio canto io spesso celebrerò,
e te più di tutti onorato dalla felicissima teda,
Pèleo, colonna di Tessaglia, al quale Giove stesso,
lo stesso padre dei numi consegnò la sua amata;
davvero ti ebbe Teti, la Nereide più bella?
Davvero Oceano,[34] che l'orbe intero avvolge con le acque,
e la moglie concessero che la nipote sposassi?
    Quando, compiutosi il tempo, viene il giorno agognato,
tutta si raccoglie la Tessaglia a palazzo,
le sale si stipano di folla festante:
le mani portano doni, i visi esprimono gaudio.
Abbandonano Sciro,[35] lasciano la ftiotica Tempe,[36]
i palazzi di Crannone e le mura di Larissa[37]

[32] Uno degli Argonauti, tessalo, re di Ftia. In altre versioni del mito è già marito di Teti e padre di Achille quando salpa con la nave Argo.

[33] Una delle Nereidi, moglie di Pèleo e madre di Achille.

[34] Il fiume che secondo l'antica mitologia circonda la Terra, marito della divinità arcaica Tetide; i due sono genitori di Doris, madre delle Nereidi.

[35] Isola del Mar Egeo a est dell'Eubea.

[36] La valle del fiume Peneo tra il monte Olimpo e l'Ossa, all'estremità settentrionale della Tessaglia, in una regione detta Ftia.

[37] Le due città principali della Tessaglia a nord di Farsàlo.

Pharsalum coeunt, Pharsalia tecta frequentant.
rura colit nemo, mollescunt colla iuvencis,
non humilis curvis purgatur vinea rastris,
non glebam prono convellit vomere taurus,
non falx attenuat frondatorum arboris umbram,
squalida desertis rubigo infertur aratris.
ipsius at sedes, quacumque opulenta recessit
regia, fulgenti splendent auro atque argento.
candet ebur soliis, collucent pocula mensae,
tota domus gaudet regali splendida gaza.
pulvinar vero divae geniale locatur
sedibus in mediis, Indo quod dente politum
tincta tegit roseo conchyli purpura fuco.
    haec vestis priscis hominum variata figuris
heroum mira virtutes indicat arte.
namque fluentisono prospectans litore Diae,
Thesea cedentem celeri cum classe tuetur
indomitos in corde gerens Ariadna furores,
necdum etiam sese quae visit visere credit,
utpote fallaci quae tum primum excita somno
desertam in sola miseram se cernat harena.
immemor at iuvenis fugiens pellit vada remis,
irrita ventosae linquens promissa procellae.
quem procul ex alga maestis Minois ocellis,
saxea ut effigies bacchantis, prospicit, eheu,

e si ritrovano a Farsàlo,[38] a Farsàlo si accalcano.
I campi nessuno coltiva, riposa il collo dei buoi,
curvo non monda rastrello la bassa vigna,
toro non rivolta la zolla con vomere chino,
falce di potatore non sgrossa l'ombra degli alberi,
scabra riveste la ruggine gli aratri negletti.
Ma la casa di lui, reggia fastosa, in qualunque
recesso splende d'oro fulgente e d'argento.
Biancheggia l'avorio dei seggi, brillano a tavola i calici,
tutto il palazzo raggia di ricchezze regali.
Il letto nuziale della divina è posto
in mezzo alla casa: intarsiato d'indo avorio,
lo copre tessuto tinto con rosso di murice.[39]
Lì in variopinto intrico di antiche figure
un'arte suprema mostra prodezze di eroi.
Ecco allungando lo sguardo dal lido scrosciante di Dia[40]
vede Teseo[41] che va via con la celere flotta
Arianna[42] in cuore portando passione feroce
né credere può di vedere ancora quello che vede
poiché, svegliata or ora dal sonno ingannevole,
da sola si osserva sulla spiaggia deserta.
Lui dimentico fugge, batte le acque coi remi,
vuote lasciando ai venti procellosi le promesse.
Dall'algosa riva lontana la figlia di Minosse
come Baccante[43] di marmo, ah!, lo segue con occhi tristi,

[38] Città della Tessaglia sud-orientale.

[39] Mollusco da cui si ricava la porpora.

[40] L'isola di Naxos, una delle Cicladi.

[41] Figlio di Egeo, re di Atene.

[42] Figlia di Minosse, re di Creta, e di Pasifae. Aiuta Teseo a uccidere il Minotauro, suo fratellastro, e fugge con lui.

[43] Seguace di Bacco; lo stesso che Menade.

prospicit et magnis curarum fluctuat undis,
non flavo retinens subtilem vertice mitram,
non contecta levi velatum pectus amictu,
non tereti strophio lactentis vincta papillas,
omnia quae toto delapsa e corpore passim
ipsius ante pedes fluctus salis alludebant.
sed neque tum mitrae neque tum fluitantis amictus
illa vicem curans toto ex te pectore, Theseu,
toto animo, tota pendebat perdita mente.
misera, assiduis quam luctibus externavit
spinosas Erycina serens in pectore curas,
illa tempestate, ferox quo ex tempore Theseus
egressus curvis e litoribus Piraei
attigit iniusti regis Gortynia templa.
 nam perhibent olim crudeli peste coactam
Androgeoneae poenas exsolvere caedis
electos iuvenes simul et decus innuptarum
Cecropiam solitam esse dapem dare Minotauro.
quis angusta malis cum moenia vexarentur,
ipse suum Theseus pro caris corpus Athenis

lo segue ed è sbattuta dalle onde dell'angoscia;
più non tiene sul biondo capo la delicata mitra,
più non copre il petto con il velo leggero,
più non stringe ai lattei seni la morbida fascia,
ma tutto le è caduto di dosso e disperso
davanti ai suoi piedi per il gioco dei salsi flutti.
Ma né della fascia né del velo bagnato
curandosi, con tutto il cuore, Teseo, con tutta l'anima,
con tutta se stessa, a te si attaccava perdutamente.
Ah infelice, la condannò a pianti perpetui
la dea d'Erice[44] in petto piantandole affanni spinosi
fin dal giorno che il fierissimo Teseo
salpato dal curvo porto del Pireo[45]
giunse al gortinio[46] palazzo dell'iniquo signore.
Raccontano che un tempo costretta da crudele peste
a pagare il fio per la morte di Androgeo,[47]
giovani scelti in una volta e fior fiore di vergini
fosse Cecropia[48] solita dare in pasto al Minotauro.[49]
Da simili mali oppresse le anguste mura di Atene,
per amor patrio Teseo il suo stesso corpo

[44] Venere, che a Erice, in Sicilia, aveva un suo culto.

[45] Il porto di Atene.

[46] Di Gortyna, città a nord-est di Cnosso, dove sorge effettivamente il palazzo reale.

[47] Figlio di Minosse, morì durante una visita in Attica. Minosse attribuì la responsabilità agli Ateniesi, attaccò la loro città e le impose le sue terribili condizioni.

[48] Nome alternativo di Atene o dell'Attica, derivato dal suo leggendario re Cecrope.

[49] Il mostro dalla testa taurina e dal corpo umano nato dall'unione di Pasifae, moglie del re Minosse, con un toro. Fu nascosto nel labirinto progettato, per ordine di Minosse, da Dedalo, e ucciso da Teseo con l'aiuto di Arianna.

proicere optavit potius quam talia Cretam
funera Cecropiae nec funera portarentur.
atque ita nave levi nitens ac lenibus auris
magnanimum ad Minoa venit sedesque superbas.
hunc simul ac cupido conspexit lumine virgo
regia, quam suavis exspirans castus odores
lectulus in molli complexu matris alebat,
quales Eurotae praecingunt flumina myrtus
aurave distinctos educit verna colores,
non prius ex illo flagrantia declinavit
lumina, quam cuncto concepit corpore flammam
funditus atque imis exarsit tota medullis.
heu misere exagitans immiti corde furores
sancte puer, curis hominum qui gaudia misces,
quaeque regis Golgos quaeque Idalium frondosum,
qualibus incensam iactastis mente puellam
fluctibus, in flavo saepe hospite suspirantem!
quantos illa tulit languenti corde timores!
quanto saepe magis fulgore expalluit auri,
cum saevum cupiens contra contendere monstrum
aut mortem appeteret Theseus aut praemia laudis!
non ingrata tamen frustra munuscula divis
promittens tacito succepit vota labello.
nam velut in summo quatientem brachia Tauro
quercum aut conigeram sudanti cortice pinum
indomitus turbo contorquens flamine robur,
eruit (illa procul radicitus exturbata
prona cadit, late quaevis cumque obuia frangens),

scelse di offrire prima che altri morti, che morti
non erano ancora, fossero portati a Creta.
Su nave leggera avanzando e con favorevoli venti
giunse al palazzo superbo di Minosse sovrano.
Lui com'ebbe notato con occhio desideroso
la vergine regia, che casto letto profumi spirante
soavi nutriva nel dolce abbraccio della madre
quali i mirti che cingono il corso dell'Eurota[50]
o l'aria primaverile che richiama i vari colori,
da lui non prima distolse il fiammeggiante sguardo
d'avere in tutto il corpo accolto il fuoco
fino in fondo, ardendo intera nelle più interne fibre.
Ahi, fanciullo divino,[51] che con cuore crudele attizzi
il furore e il piacere mischi all'angoscia negli animi,
e tu regina di Golgi e dell'Idalio frondoso,[52]
in quali abissi gettaste la mente ardente della giovane
che spesso sospirava per il biondo straniero!
Quali terrori ha sostenuto il suo languente cuore!
Quante volte sbiancò più del bagliore dell'oro
mentre volendo muovere contro il mostro selvaggio
la morte Teseo inseguiva o il trofeo del valore!
Tuttavia, non sgraditi doni invano agli dèi
promettendo i suoi voti espresse con tacito labbro.
Infatti come in cima al Tauro[53] quercia scuotendo
le braccia o pino conigero dalla corteccia stillante
sotto le indomabili raffiche che torcono il tronco
vola via (strappato lontano dalle radici cade
prono, fracassando intorno tutto quel che incontra),

[50] Fiume della Laconia, non lontano da Sparta.

[51] Amore (o Cupido).

[52] Golgi era un celebre luogo di culto a Cipro.

[53] Monte dell'Asia Minore.

sic domito saevum prostravit corpore Theseus
nequiquam vanis iactantem cornua ventis.
inde pedem sospes multa cum laude reflexit
errabunda regens tenui vestigia filo,
ne labyrintheis e flexibus egredientem
tecti frustraretur inobservabilis error.
    sed quid ego a primo digressus carmine plura
commemorem, ut linquens genitoris filia vultum,
ut consanguineae complexum, ut denique matris,
quae misera in gnata deperdita laetabatur
omnibus his Thesei dulcem praeoptarit amorem:
aut ut vecta rati spumosa ad litora Diae
venerit aut ut eam devinctam lumina somno
liquerit immemori discedens pectore coniunx?
saepe illam perhibent ardenti corde furentem
clarisonas imo fudisse e pectore voces,
ac tum praeruptos tristem conscendere montes,
unde aciem in pelagi vastos protenderet aestus,
tum tremuli salis adversas procurrere in undas
mollia nudatae tollentem tegmina surae,
atque haec extremis maestam dixisse querellis,
frigidulos udo singultus ore cientem:
'sicine me patriis avectam, perfide, ab aris
perfide, deserto liquisti in litore, Theseu?
sicine discedens neglecto numine divum,
immemor a! devota domum periuria portas?
nullane res potuit crudelis flectere mentis
consilium? tibi nulla fuit clementia praesto,
immite ut nostri vellet miserescere pectus?
at non haec quondam blanda promissa dedisti
voce mihi, non haec miserae sperare iubebas,
sed conubia laeta, sed optatos hymenaeos,
quae cuncta aerii discerpunt irrita venti.

così il corpo domato Teseo prostrò del nemico
che inutilmente le corna cacciava nell'aria imprendibile.
Di lì salvo il piede con molta gloria indietro ridusse,
i passi errabondi guidando con filo sottile,
affinché cercando di uscire dai giri del labirinto
non fosse impedito dal cieco intreccio dei vani.
    Ma perché d'altro dire, interrotto il canto iniziale?
Che la figlia al volto del genitore,
all'abbraccio della sorella e infine della madre,
che di lei, sventurata, si compiaceva,
preferì andando via il dolce amore di Teseo:
o che, portata da nave, ai lidi schiumosi di Dia
approdò o che, mentre il sonno le legava le palpebre,
lo sposo se ne partì abbandonandola immemore?
Raccontano che folle nel cuore impetuoso spesso
altissime grida lanciò dal profondo del petto
e angosciata poi salì su monti scoscesi
donde allungare lo sguardo sul vasto agitarsi del pelago
e poi si precipitò incontro ai tremolanti marosi
alzando fin sopra il ginocchio le morbide pieghe
e questo disse infelice nei suoi estremi lamenti,
freddi singhiozzi emettendo con viso bagnato:
"Così me, traditore, strappata alle are paterne,
traditore, abbandoni sul lido deserto, Teseo?
Così te ne vai, disprezzati gli dèi,
ah!, immemore, in patria portando l'orrendo spergiuro?
Niente ha potuto piegare il disegno della mente
crudele? Nessuna clemenza ha suggerito
al tuo cuore malvagio di usarmi pietà?
Non queste promesse un tempo mi davi con voce
suadente, non questo mi inducevi a sperare, misera,
bensì liete nozze, bensì voluti imenei,
che tutti adesso il vento distrugge incompiuti.

nunc iam nulla viro iuranti femina credat,
nulla viri speret sermones esse fideles;
quis dum aliquid cupiens animus praegestit apisci,
nil metuunt iurare, nihil promittere parcunt:
sed simul ac cupidae mentis satiata libido est,
dicta nihil metuere, nihil periuria curant.
certe ego te in medio versantem turbine leti
eripui, et potius germanum amittere crevi,
quam tibi fallaci supremo in tempore dessem.
pro quo dilaceranda feris dabor alitibusque
praeda, neque iniacta tumulabor mortua terra.
quaenam te genuit sola sub rupe leaena,
quod mare conceptum spumantibus exspuit undis,
quae Syrtis, quae Scylla rapax, quae vasta Carybdis,
talia qui reddis pro dulci praemia vita?
si tibi non cordi fuerant conubia nostra,
saeva quod horrebas prisci praecepta parentis,
attamen in vestras potuisti ducere sedes,
quae tibi iucundo famularer serva labore,
candida permulcens liquidis vestigia lymphis,
purpureave tuum consternens veste cubile.
sed quid ego ignaris nequiquam conquerar auris,
externata malo, quae nullis sensibus auctae
nec missas audire queunt nec reddere voces?
ille autem prope iam mediis versatur in undis,
nec quisquam apparet vacua mortalis in alga.
sic nimis insultans extremo tempore saeva
fors etiam nostris invidit questibus auris.

Nessuna donna più creda a uomo che giura,
nessuna speri che uomo mai dica parole fidate.
Quando il suo cupido cuore brama ottenere qualcosa,
di giurare non teme, non risparmia promessa;
ma non appena è saziata la smania dell'animo,
quel che è detto non rispetta, gli spergiuri non cura.
Io dal vortice profondo della morte ti ho strappato
e ho deciso di perdere il fratello piuttosto
che abbandonare te, falso, nel momento supremo.
In cambio mi si dà in preda alle belve e agli uccelli,
che mi strazino, né tumulo mi ricoprirà morta.
Che leonessa ti ha generato sotto rupe solinga,
che mare sputato fuori dalle onde schiumanti,
che Sirti[54] o che Scilla[55] rapace, che spaventosa Cariddi,[56]
se questo compenso mi rendi per la carissima vita?
Se non ti stava a cuore sposarti con me
perché temevi il duro monito del vecchio padre,
lo stesso potevi condurmi alla tua casa,
serva che avrebbe per te lietamente sudato,
rinfrescandoti i candidi piedi con acqua limpida
o purpurea coperta stendendoti sul letto.
Ma perché lamentarmi invano, vinta dalla sciagura,
con l'aria inconsapevole, che non conosce sensi
né dette udire può parole o renderne?
Ma lui già si trova nel mezzo delle onde,
e non compare mortale tra le alghe deserte.
Così mi offende anche troppo crudele nell'ora più grave
la sorte, negando anche orecchi ai lamenti.

[54] Temute secche al largo della costa nord-africana.

[55] Vedi c. LX, 2.

[56] Mostro marino identificato con un vortice nello Stretto di Messina, di fronte a Scilla.

Iuppiter omnipotens, utinam ne tempore primo
Cnosia Cecropiae tetigissent litora puppes,
indomito nec dira ferens stipendia tauro
perfidus in Cretam religasset navita funem,
nec malus hic celans dulci crudelia forma
consilia in nostris requiesset sedibus hospes!
nam quo me referam? quali spe perdita nitor?
Idaeosne petam montes? at gurgite lato
discernens ponti truculentum dividit aequor.
an patris auxilium sperem? quemne ipsa reliqui
respersum iuvenem fraterna caede secuta?
coniugis an fido consoler memet amore?
quine fugit lentos incurvans gurgite remos?
praeterea nullo colitur sola insula tecto,
nec patet egressus pelagi cingentibus undis.
nulla fugae ratio, nulla spes: omnia muta,
omnia sunt deserta, ostentant omnia letum.
non tamen ante mihi languescent lumina morte,
nec prius a fesso secedent corpore sensus,
quam iustam a divis exposcam prodita multam
caelestumque fidem postrema comprecer hora.
quare facta virum multantes vindice poena
Eumenides, quibus anguino redimita capillo
frons exspirantis praeportat pectoris iras,
huc huc adventate, meas audite querellas,
quas ego, vae misera, extremis proferre medullis
cogor inops, ardens, amenti caeca furore.
quae quoniam verae nascuntur pectore ab imo,
vos nolite pati nostrum vanescere luctum,

Onnipotente Giove, non fossero giunte quel giorno
le poppe cecropie[57] ai lidi cnossi,[58] né recando
il feroce tributo all'invincibile toro
il navigante spergiuro avesse legato la fune,
né malvagio celando nel bell'aspetto crudele
proposito avesse trovato accoglienza sotto il mio tetto!
Dove andrò adesso? A che speranza, perduta, mi appoggerò?
Salirò forse sull'Ida? Ma con gorgo infinito
mi separa la distesa violenta del mare.
Sperare nel soccorso del padre, che ho abbandonato
per seguire quell'uomo cosparso del sangue fraterno?
Consolarmi con l'amore del fedele marito,
che fugge piegando nel gorgo i cedevoli remi?
E poi l'isola è deserta, non l'abita casa,
né uscita vi s'apre: tutt'intorno è pelago d'onde.
Non c'è via di fuga, non speranza: tutto tace,
tutto è vuoto, tutto minaccia rovina.
Ma non si spegneranno i miei occhi nella morte
né i sensi lasceranno il mio corpo sfinito prima
che io tradita abbia chiesto giusta vendetta agli dèi
e invocato nell'ora estrema la fedeltà dei celesti.
Perciò, voi che punite le colpe degli uomini,
Eumenidi,[59] che sulla fronte chiomata di serpi
mostrate l'ira di cui scoppia il petto,
qui qui accorrete, ascoltate i lamenti
che, misera, devo dal profondo di me
trarre, bisognosa, ardente, cieca di folle furore.
Ma poiché nascono veri dall'interno del cuore,
voi non permettete che il mio pianto sia vano,

[57] Vedi nota 48 di p. 135.

[58] Cretesi.

[59] Le Furie o Erinni, divinità ctonie della vendetta.

sed quali solam Theseus me mente reliquit,
tali mente, deae, funestet seque suosque.'
    has postquam maesto profudit pectore voces,
supplicium saevis exposcens anxia factis,
annuit invicto caelestum numine rector;
quo motu tellus atque horrida contremuerunt
aequora concussitque micantia sidera mundus.
ipse autem caeca mentem caligine Theseus
consitus oblito dimisit pectore cuncta,
quae mandata prius constanti mente tenebat,
dulcia nec maesto sustollens signa parenti
sospitem Erechtheum se ostendit visere portum.
namque ferunt olim, classi cum moenia divae
linquentem gnatum ventis concrederet Aegeus,
talia complexum iuveni mandata dedisse:
'gnate mihi longa iucundior unice vita,
gnate, ego quem in dubios cogor dimittere casus,
reddite in extrema nuper mihi fine senectae,
quandoquidem fortuna mea ac tua fervida virtus
eripit invito mihi te, cui languida nondum
lumina sunt gnati cara saturata figura,
non ego te gaudens laetanti pectore mittam,
nec te ferre sinam fortunae signa secundae,
sed primum multas expromam mente querellas,
canitiem terra atque infuso pulvere foedans,
inde infecta vago suspendam lintea malo,
nostros ut luctus nostraeque incendia mentis
carbasus obscurata dicet ferrugine Hibera.
quod tibi si sancti concesserit incola Itoni,

ma Teseo con quell'animo con cui mi ha lasciata,
dee, con lo stesso distrugga sé e i suoi".
Poi ch'ebbe detto tali parole dal mesto cuore,
reclamando angosciata castigo per tanta violenza,
annuì con cenno invincibile il reggitore dei numi;
al quale la terra e increspati tremarono
i mari e si scosse l'universo di stelle splendenti.
Intanto Teseo, ricolma la mente di tenebra cieca,
dimentico lasciò cadere dal cuore tutto quello
che prima vi aveva riposto con mente sicura
e senza innalzare i segni fausti per il povero padre
non dimostrò che salvo rivedeva il porto eretteo.[60]
Dicono infatti che, affidando ai venti il figlio
che lasciava con nave la città della dea, Egeo[61]
dopo l'abbraccio gli diede quest'ordine:
"Mio solo figlio, a me più caro della lunghissima vita,
figlio, che ora devo affidare a destino malcerto
dopo che t'ho ritrovato sul finire della vecchiaia,
poiché la mia sorte e il tuo valore irruento
a me contrario ti strappano, che gli occhi languenti
ancora non ho saziato della tua cara figura,
io non ti lascio partire con animo lieto
e non permetto che porti i segni del successo
ma prima voglio dal cuore liberare molti lamenti,
lordando la bianca chioma di terra e di polvere sparsa,
poi farò vele tinte sospendere all'albero errante
che i miei pianti e l'incendio del mio cuore
racconti la tela macchiata di ruggine iberica.
E se ti concede la padrona d'Itono[62] sacra,

[60] Il porto di Atene (dal nome del mitico re Eretteo).

[61] Figlio di Pandione, mitico re di Atene.

[62] Città della Beozia, famosa per un santuario della dea Atena.

quae nostrum genus ac sedes defendere Erecthei
annuit, ut tauri respergas sanguine dextram,
tum vero facito ut memori tibi condita corde
haec vigeant mandata, nec ulla oblitteret aetas;
ut simul ac nostros invisent lumina collis,
funestam antennae deponant undique vestem,
candidaque intorti sustollant vela rudentes,
quam primum cernens ut laeta gaudia mente
agnoscam, cum te reducem aetas prospera sistet.'
haec mandata prius constanti mente tenentem
Thesea ceu pulsae ventorum flamine nubes
aereum nivei montis liquere cacumen.
at pater, ut summa prospectum ex arce petebat,
anxia in assiduos absumens lumina fletus,
cum primum infecti conspexit lintea veli,
praecipitem sese scopulorum e vertice iecit,
amissum credens immiti Thesea fato.
sic funesta domus ingressus tecta paterna
morte ferox Theseus, qualem Minoidi luctum
obtulerat mente immemori, talem ipse recepit.
quae tum prospectans cedentem maesta carinam
multiplices animo voluebat saucia curas.
    at parte ex alia florens volitabat Iacchus
cum thiaso Satyrorum et Nysigenis Silenis,
te quaerens, Ariadna, tuoque incensus amore.
. . . .

che accorda difesa alla nostra gente e alla reggia
di Eretteo,[63] di bagnare la destra nel sangue del toro,
allora fa' che riposto nel memore cuore
ti resti questo comando e il tempo non lo confonda:
come vedranno i tuoi occhi le nostre colline,
le antenne depongano l'infausto tendone
e le funi contorte sospendano le vele bianche,
che al più presto scorgendole io accolga nel cuore
la gioia quel giorno felice che a casa ti riconduca".
Quest'ordine che prima fermamente ricordava
sfuggì a Teseo come nube che spinta dal vento
lasci la cima sovrana di nivea montagna.
E il padre, che guardava dall'alto della rocca,
consumando in pianti continui gli occhi angosciati,
come vide le vele di scuro tessuto,
si gettò a precipizio dall'erta scogliera,
credendo Teseo perso da fato maligno.
Così entrato nella casa torva per la morte
del padre, il fiero Teseo la pena che immemore
aveva inflitto ad Arianna lui stesso si diede.
E lei, guardando triste la nave che andava,
rivolgeva nel cuore ferita molti pensieri.
    Da un'altra parte splendido volteggiava Iacco[64]
col tiaso dei Satiri e i Sileni[65] di Nisa,[66]
te cercando, Arianna, d'amore acceso per te.
. . . .

[63] Vedi nota 60 di p. 145.

[64] Un possibile nome di Bacco.

[65] Spiriti della natura selvaggia; sono associati a Dioniso e al suo culto. I satiri sono generalmente rappresentati come giovani, i sileni come vecchi.

[66] Il luogo connesso alle origini di Dioniso e del suo culto. Omero lo situa in Tracia, la letteratura più tarda in Arabia, Etiopia o India.

quae tum alacres passim lymphata mente furebant
euhoe bacchantes, euhoe capita inflectentes.
harum pars tecta quatiebant cuspide thyrsos,
pars e divolso iactabant membra iuvenco,
pars sese tortis serpentibus incingebant,
pars obscura cavis celebrabant orgia cistis,
orgia quae frustra cupiunt audire profani;
plangebant aliae proceris tympana palmis,
aut tereti tenuis tinnitus aere ciebant;
multis raucisonos efflabant cornua bombos
barbaraque horribili stridebat tibia cantu.
    talibus amplifice vestis decorata figuris
pulvinar complexa suo velabat amictu.
quae postquam cupide spectando Thessala pubes
expleta est, sanctis coepit decedere divis.
hic, qualis flatu placidum mare matutino
horrificans Zephyrus proclivas incitat undas,
Aurora exoriente vagi sub limina Solis,
quae tarde primum clementi flamine pulsae
procedunt leviterque sonant plangore cachinni,
post vento crescente magis magis increbescunt,
purpureaque procul nantes ab luce refulgent:
sic tum vestibuli linquentes regia tecta
ad se quisque vago passim pede discedebant.
quorum post abitum princeps e vertice Pelei
advenit Chiron portans silvestria dona:
nam quoscumque ferunt campi, quos Thessala magnis
montibus ora creat, quos propter fluminis undas

eccitate infuriavano qua e là fuori di mente,
evoè, le Baccanti,[67] evoè piegando le teste.
Alcune scuotevano i tirsi dalla punta guarnita,
altre agitavano pezzi di sbranato giovenco,
altre si coronavano con ritorti serpenti,
altre onoravano nascosti in ceste i simboli,
simboli che invano i profani chiedono di conoscere;
battevano altre i timpani con le dita distese
o dal bronzo dei cembali traevano acuti tinnii;
molte soffiavano cupi rimbombi dai corni
e dal barbaro flauto stridori tremendi.
    Diffusamente adorna di simili figure
la coperta avvolgeva nel suo panno il letto nuziale.
I giovani tessali, quando furono sazi
di contemplare, fecero posto ai santi numi.
Come con mattutino soffio Zefiro il placido mare
increspando incalza i frangenti scoscesi,
mentre s'alza l'Aurora alle porte del Sole vagante,
che prima lentamente spinti da mite vento
procedono e suonano lievi con rumore di riso,
poi crescendo il vento si fanno sempre più fitti
e di lontano avanzando rimandano luce purpurea,
così lasciando le regie volte del portale
ciascuno per vie diverse pensò a ritornare.
Dopo la loro partenza primo dalla cima del Pelio[68]
arriva Chirone[69] recando doni silvani:
tutti i fiori che porta il piano o che Tessaglia crea
sugli alti monti o lungo le acque dei fiumi

[67] Vedi nota 43 di p. 133.

[68] Vedi nota 25 di p. 129.

[69] Centauro.

aura parit flores tepidi fecunda Favoni,
hos indistinctis plexos tulit ipse corollis,
quo permulsa domus iucundo risit odore.
confestim Penios adest, viridantia Tempe,
Tempe, quae silvae cingunt super impendentes,
Minosim linquens doris celebranda choreis,
non vacuos: namque ille tulit radicitus altas
fagos ac recto proceras stipite laurus,
non sine nutanti platano lentaque sorore
flammati Phaethontis et aerea cupressu.
haec circum sedes late contexta locavit,
vestibulum ut molli velatum fronde vireret.
post hunc consequitur sollerti corde Prometheus,
extenuata gerens veteris vestigia poenae,
quam quondam silici restrictus membra catena
persolvit pendens e verticibus praeruptis.
inde pater divum sancta cum coniuge natisque
advenit caelo, te solum, Phoebe, relinquens
unigenamque simul cultricem montibus Idri:

genera il soffio fecondo del caldo Favonio
lui li recava intrecciati in confuse corone,
e pregna del buon odore la casa sorrise.
Dopo giunge Peneo,[70] la virente Tempe,[71]
Tempe che cingono selve incombenti,
lasciata ... che invadano doriche[72] danze,
carico: infatti, portava altissimi faggi
sradicati e svettanti lauri dal fusto diritto
e l'ondeggiante platano e la sorella flessibile
di Fetonte[73] bruciato e il cipresso superbo.
Questi intrecciati piantò tutt'intorno alla casa,
e verde di tenere fronde velò il portale.
Segue dopo di lui il saggio Prometeo[74]
con i vestigi attenuati dell'antica pena
che un tempo legato da catene al sasso
scontò, pendendo dalla vetta scoscesa.
Poi il padre dei numi con la sposa[75] e i figli
arriva dal cielo, te solo, Febo,[76] lasciando
e la tua gemella,[77] che abita i monti di Idro[78]:

[70] Divinità eponima del fiume della Tessaglia.

[71] Vedi nota 36 di p. 131.

[72] Non è chiaro perché le danze siano dette doriche.

[73] Figlio di Apollo, dio Sole. Osò guidare il carro del padre e morì nel tentativo. Prese dal dolore per la sua morte, le sue tre sorelle si trasformarono in pioppi e versarono lacrime d'ambra.

[74] Il Titano che rubò il fuoco agli dèi per donarlo agli umani. Giove lo punì incatenandolo per trent'anni a una roccia nel Caucaso. Ogni giorno un'aquila divorava il fegato di Prometeo e ogni notte Giove lo faceva ricrescere. Venne infine liberato da Ercole.

[75] Giove e Giunone.

[76] Epiteto di Apollo.

[77] Diana (la greca Artemide).

[78] Fondatore di Idria, città della Caria.

Pelea nam tecum pariter soror aspernata est,
nec Thetidis taedas voluit celebrare iugales.
    qui postquam niveis flexerunt sedibus artus
large multiplici constructae sunt dape mensae,
cum interea infirmo quatientes corpora motu
veridicos Parcae coeperunt edere cantus.
his corpus tremulum complectens undique vestis
candida purpurea talos incinxerat ora,
at roseae niveo residebant vertice vittae,
aeternumque manus carpebant rite laborem.
laeva colum molli lana retinebat amictum,
dextera tum leviter deducens fila supinis
formabat digitis, tum prono in pollice torquens
libratum tereti versabat turbine fusum,
atque ita decerpens aequabat semper opus dens,
laneaque aridulis haerebant morsa labellis,
quae prius in levi fuerant exstantia filo:
ante pedes autem candentis mollia lanae
vellera virgati custodibant calathisci.
haec tum clarisona pellentes vellera voce
talia divino fuderunt carmine fata,
carmine, perfidiae quod post nulla arguet aetas.
    o decus eximium magnis virtutibus augens,
Emathiae tutamen, Opis carissime nato,

anche lei come te disprezzava Pèleo[79]
né celebrare voleva le tede nuziali di Teti.
Dopo che ebbero piegato le membra sui candidi seggi,
si prepararono mense con varie vivande,
mentre, scuotendo le membra con mosse malcerte,
le Parche[80] cominciavano a intonare veridici canti.
I loro tremuli corpi candida veste avvolgeva
per intero, che stringeva i talloni con bordo purpureo,
ma sul capo canuto stavano bende rosate,
e ritualmente le mani compivano l'opera eterna.
La sinistra reggeva rocca avvolta di morbida lana,
la destra, lievemente tirando, formava il filo
con le dita supine, poi con pollice prono torcendolo
il fuso girava drizzato dal tondo fusaiolo
e il dente via via mordendo pareggiava il lavoro
e alle aride labbra restava attaccata la lana
che prima sporgeva dal filo leggero:
ai loro piedi velli morbidi di lana
candida custodivano piccole ceste di vimini.
E i bioccoli tirando con limpida voce
tali destini esprimevano in canto divino,
canto che tempo mai potrà dire falso:
"O tu che accresci grande gloria con imponente valore,
baluardo di Emazia,[81] carissimo al figlio d'Opi,[82]

[79] Apollo sarà responsabile della morte di Achille. Catullo, seguendo qualche oscura variante del mito, lascia credere che l'ostilità del dio sia già diretta al padre dell'eroe.

[80] Le tre divinità, rappresentate come donne molto anziane, che tessono il filo delle vite.

[81] Qui un altro nome della Tessaglia; più propriamente il nome di una parte della Macedonia.

[82] Dea italica, corrispondente alla greca Rea, moglie di Crono e madre di Zeus. Suo figlio, dunque, è Giove.

accipe, quod laeta tibi pandunt luce sorores,
veridicum oraclum: sed vos, quae fata sequuntur,
    currite ducentes subtegmina, currite, fusi.
adveniet tibi iam portans optata maritis
Hesperus, adveniet fausto cum sidere coniunx,
quae tibi flexanimo mentem perfundat amore,
languidulosque paret tecum coniungere somnos,
levia substernens robusto bracchia collo.
    currite ducentes subtegmina, currite, fusi.
nulla domus tales umquam contexit amores,
nullus amor tali coniunxit foedere amantes,
qualis adest Thetidi, qualis concordia Peleo.
    currite ducentes subtegmina, currite, fusi.
nascetur vobis expers terroris Achilles,
hostibus haud tergo, sed forti pectore notus,
qui persaepe vago victor certamine cursus
flammea praevertet celeris vestigia cervae.
    currite ducentes subtegmina, currite, fusi.
non illi quisquam bello se conferet heros,
cum Phrygii Teucro manabunt sanguine campi
Troicaque obsidens longinquo moenia bello,
periuri Pelopis vastabit tertius heres.

ascolta l'oracolo vero che le sorelle ti svelano
nel lieto giorno; ma voi dove seguono i fati
guidando la trama correte, fusi, avanti, correte.
Presto verrà a esaudire per te i maritali aneliti
Espero,[83] e verrà con fausta stella la sposa
in cuore a versarti l'amore che piega l'anima
e languidi sonni a congiungere ai tuoi,
le braccia leggiadre stendendo sotto al tuo collo virile.
Guidando la trama correte, fusi, avanti, correte.
Nessuna casa mai ospitò tale amore,
nessun amore congiunse gli amanti con tale concordia
quale vediamo unire Teti e Pèleo.
Guidando la trama correte, fusi, avanti, correte.
Intrepido da voi nascerà Achille,[84]
non da tergo noto ai nemici ma dal petto possente,
che spesso vincitore nelle gare di corsa
precederà l'ignea fuga del celere cervo.
Guidando la trama correte, fusi, avanti, correte.
A lui in armi eroe non potrà confrontarsi
quando la piana di Frigia gronderà sangue teucro[85]
e, con lunga guerra assediando, le mura di Troia[86]
dello spergiuro Pelope demolirà il terzo erede.[87]

[83] Stella della sera, il pianeta Venere. Vedi c. LXII.

[84] L'eroe celebrato nell'*Iliade* di Omero.

[85] Troiano.

[86] Città dell'Asia Minore, luogo della guerra narrata da Omero nell'*Iliade*.

[87] Agamennone. Per vincere una gara di corsa che lo avrebbe portato a sposare Ippodamia, figlia di Enomao re di Pisa, Pelope (figlio di Tantalo, fondatore della dinastia degli Atridi) aveva promesso al cocchiere Mirtilo, in cambio di un aiuto, metà del suo regno. Non mantenne la parola. Per questo è detto "spergiuro".

currite ducentes subtegmina, currite, fusi.
illius egregias virtutes claraque facta
saepe fatebuntur gnatorum in funere matres,
cum incultum cano solvent a vertice crinem,
putridaque infirmis variabunt pectora palmis.
currite ducentes subtegmina, currite, fusi.
namque velut densas praecerpens messor aristas
sole sub ardenti flaventia demetit arva,
Troiugenum infesto prosternet corpora ferro.
currite ducentes subtegmina, currite, fusi.
testis erit magnis virtutibus unda Scamandri,
quae passim rapido diffunditur Hellesponto,
cuius iter caesis angustans corporum acervis
alta tepefaciet permixta flumina caede.
currite ducentes subtegmina, currite, fusi.
denique testis erit morti quoque reddita praeda,
cum teres excelso coacervatum aggere bustum
excipiet niveos perculsae virginis artus.
currite ducentes subtegmina, currite, fusi.
nam simul ac fessis dederit fors copiam Achivis
urbis Dardaniae Neptunia solvere vincla,
alta Polyxenia madefient caede sepulcra;

Guidando la trama correte, fusi, avanti, correte.
Spesso di lui le gesta eccelse e le imprese gloriose
ricorderanno le madri ai funerali dei figli,
sciogliendo l'incolto crine sulla testa canuta
e i petti decrepiti segnando con le mani senili.
Guidando la trama correte, fusi, avanti, correte.
Come il contadino falciando le fitte spighe
sotto il sole ardente tosa le bionde campagne,
lui mieterà corpi troiani con spada feroce.
Guidando la trama correte, fusi, avanti, correte.
Testimone del valore l'onda dello Scamandro,[88]
che si diffonde ampiamente nel turbinoso Ellesponto[89]:
lui il canale ostruirà con caterve di corpi
e alle acque profonde mischierà tiepido sangue.
Guidando la trama correte, fusi, avanti, correte.
E testimone pure la preda data in morte,
quando il tondo tumulo d'alta terra ammassata
riceverà le nivee membra della vergine uccisa.[90]
Guidando la trama correte, fusi, avanti, correte.
Quando agli stanchi Argivi[91] concederà la sorte
di sciogliere la cinta nettunia della città dardania,[92]
bagnerà il superbo sepolcro il sangue di Polissena,

[88] Fiume di Troia.

[89] L'odierno stretto dei Dardanelli, il braccio di mare che collega il Mar di Marmara all'Egeo e che assieme allo stretto del Bosforo segna il confine tra Europa e Asia.

[90] La troiana Polissena, figlia del re Priamo: fu sacrificata sulla tomba di Achille dal di lui figlio Neottolemo, in una sorta di rito nuziale postumo, come si racconta poco sotto.

[91] I Greci, dal nome della città di Argo.

[92] Troia, fondata da Dardano e fortificata da Posidone (il romano Nettuno).

quae, velut ancipiti succumbens victima ferro,
proiciet truncum summisso poplite corpus.
currite ducentes subtegmina, currite, fusi.
quare agite optatos animi coniungite amores.
accipiat coniunx felici foedere divam,
dedatur cupido iam dudum nupta marito.
currite ducentes subtegmina, currite, fusi.
non illam nutrix orienti luce revisens
hesterno collum poterit circumdare filo,
anxia nec mater discordis maesta puellae
secubitu caros mittet sperare nepotes.
currite ducentes subtegmina, currite, fusi.
talia praefantes quondam felicia Pelei
carmina divino cecinerunt pectore Parcae.
praesentes namque ante domos invisere castas
heroum, et sese mortali ostendere coetu,
caelicolae nondum spreta pietate solebant.
saepe pater divum templo in fulgente revisens,
annua cum festis venissent sacra diebus,
conspexit terra centum procumbere tauros.
saepe vagus Liber Parnasi vertice summo
Thyiadas effusis euantis crinibus egit,
cum Delphi tota certatim ex urbe ruentes
acciperent laeti divum fumantibus aris.
saepe in letifero belli certamine Mavors

che come vittima sacra soccombendo a bipenne,
piegate le ginocchia, si abbatterà troncata.
Guidando la trama correte, fusi, avanti, correte.
Perciò, presto, unite gli amori che vuole il cuore.
Lo sposo prenda la dea in felice alleanza,
la sposa si arrenda adesso al bramoso marito.
Guidando la trama correte, fusi, avanti, correte.
Rivedendola all'alba non potrà la nutrice
più cingerle il collo con il filo di ieri
né in ansia la madre, triste che la figlia spregiata
debba dormire da sola, rinuncerà ai cari nipoti.
Guidando la trama correte, fusi, avanti, correte".
Tale felicità a Pèleo predicendo un tempo
le Parche cantarono con cuore ispirato.
Di persona già solevano visitare le pie case
degli eroi e mostrarsi in compagnia dei mortali
gli abitatori del cielo, ancora viva la fede.
Spesso il padre dei numi,[93] tornando, nel tempio fulgente,
ricorrendo il giorno della sacra festa annuale,
stramazzare vedeva a terra cento tori.
Spesso vagando Libero[94] dalla vetta di Parnaso[95]
spingeva le tiadi[96] urlanti con chiome scomposte
mentre i Delfi[97] accorrendo da tutta la città a gara
lieti accoglievano il dio con altari fumanti.
Spesso nella mischia mortale di guerra Marte[98]

93 Giove.

94 Nome italico di Dioniso (o Bacco).

95 Monte della Focide sacro ad Apollo e alle Muse.

96 Le Baccanti.

97 Gli abitanti della città omonima, alle pendici del monte Parnaso.

98 Il dio della guerra (il greco Ares).

aut rapidi Tritonis era aut Amarunsia virgo
armatas hominum est praesens hortata catervas.
sed postquam tellus scelere est imbuta nefando
iustitiamque omnes cupida de mente fugarunt,
perfudere manus fraterno sanguine fratres,
destitit extinctos gnatus lugere parentes,
optavit genitor primaevi funera nati,
liber ut innuptae poteretur flore novercae,
ignaro mater substernens se impia nato
impia non verita est divos scelerare penates.
omnia fanda nefanda malo permixta furore
iustificam nobis mentem avertere deorum.
quare nec talis dignantur visere coetus,
nec se contingi patiuntur lumine claro.

o la dea del Tritone[99] rapido o la vergine ramnusia[100]
di persona esortarono le schiere armate degli uomini.
Ma da quando si è imbevuta la terra di nefandi delitti
e la giustizia hanno cacciato tutti dai cupidi cuori,
i fratelli si sono macchiati di sangue fraterno le mani,
il figlio ha smesso di piangere gli estinti genitori,
il genitore ha invocato la morte del giovane figlio
per godersi liberamente il fiore di vergine sposa,
e la madre congiungendosi empia al figlio ignaro,
empia, non ha temuto di dissacrare i penati.
Il lecito e l'illecito confusi in una furia prava
hanno da noi distolto il giusto cuore degli dèi.
Per questo non si degnano di visitar tale gente,
e non si lasciano toccare dalla luce del sole.

[99] Atena, patrona del fiume Tritone (collocato dai mitografi antichi in Libia o in Beozia o in Tessaglia).

[100] Nemesi, la dea della vendetta (così detta da Ramnunte, in Attica, dove c'era un suo tempio). Vedi nota 7 di p. 85. Qui mi discosto dal testo di Mynors che, come già Baehrens, ha *Amarunsia* (appellativo di Artemide da Amarynthus, città dell'Eubea, dove aveva un culto).

Ah, cuore nero

CAPRICCI

XXXII

Amabo, mea dulcis Ipsitilla,
meae deliciae, mei lepores,
iube ad te veniam meridiatum.
et si iusseris, illud adiuvato,
ne quis liminis obseret tabellam,
neu tibi lubeat foras abire,
sed domi maneas paresque nobis
novem continuas fututiones.
verum si quid ages, statim iubeto:
nam pransus iaceo et satur supinus
pertundo tunicamque palliumque.

32

Per piacere, mia tenera Ipsitilla,[1]
mia delizia, mio tesorino caro,
invitami a venire per la siesta.
E se acconsenti, guarda che nessuno
chiuda i battenti con il chiavistello.
E non ti salti in mente di andar fuori,
ma resta in casa e mettimi da parte
un'infilata di nove scopate.
Se ti interessa, invitami all'istante:
perché son qui disteso, a pancia piena,
e già trapasso tunica e mantello.

[1] Nome ricostruito da una trasmissione corrotta. Forse derivato di *ipsa*, "padrona". Come si evince dal contenuto di questo carme, fu quasi certamente un'etera o una liberta.

XLV

Acmen Septimius suos amores
tenens in gremio 'mea' inquit 'Acme,
ni te perdite amo atque amare porro
omnes sum assidue paratus annos,
quantum qui pote plurimum perire,
solus in Libya Indiaque tosta
caesio veniam obvius leoni.'
hoc ut dixit, Amor sinistra ut ante
dextra sternuit approbationem.
    at Acme leviter caput reflectens
et dulcis pueri ebrios ocellos
illo purpureo ore suaviata,
'sic' inquit 'mea vita Septimille,
huic uni domino usque serviamus,
ut multo mihi maior acriorque
ignis mollibus ardet in medullis.'
hoc ut dixit, Amor sinistra ut ante
dextra sternuit approbationem.
    nunc ab auspicio bono profecti
mutuis animis amant amantur.
unam Septimius misellus Acmen
mavult quam Syrias Britanniasque:
uno in Septimio fidelis Acme
facit delicias libidineque.
quis ullos homines beatiores
vidit, quis Venerem auspicatiorem?

45

Settimio dice ad Acme,[2] la sua amata,
mentre la stringe al petto: "Mia dolce Acme,
se non è vero che da pazzi t'amo
e sono pronto ad amarti per sempre,
ogni momento, con tutto me stesso,
voglio affrontare al sole d'India o Libia
un leone dagli occhi smeraldini".
Ciò disse e Amore, come prima a destra,
ora a sinistra starnutì il suo assenso.
    Acme, piegando il capo lievemente
e baciati con la sua rossa bocca
gli occhi ebbri del dolcissimo ragazzo,
dice: "Settimio caro, vita mia,
sì, serviamo quest'unico padrone
all'infinito: un fuoco anche più grande
e intenso brucia sotto la mia pelle".
Ciò disse e Amore, come prima a destra,
ora a sinistra starnutì il suo assenso.
    E così mossi dal propizio auspicio,
ricevono e si danno uguale amore.
Il povero Settimio preferisce
la sola Acme alle sirie e alle britanne:
la fedele Acme nel solo Settimio
trova il compagno dei giochi di letto.
Chi ha visto mai persone più felici,
chi mai una coppia tanto benedetta?

[2] Altrimenti ignoti entrambi. Il nome di lei – che in greco significa "culmine" – è chiaramente inventato.

LVI

O rem ridiculam, Cato, et iocosam,
dignamque auribus et tuo cachinno!
ride quidquid amas, Cato, Catullum:
res est ridicula et nimis iocosa.
deprendi modo pupulum puellae
trusantem; hunc ego, si placet Dionae,
protelo rigida mea cecidi.

56

Senti questa, Catone,[3] troppo bella,
voglio che tu ti faccia una risata!
Dài, Catone, se vuoi bene a Catullo,
ridi, perché davvero c'è da ridere.
Ti trovo uno sbarbato che si sbatte
una ragazza e io che faccio? Dione[4]
volendo, lo castigo con 'sto cazzo.

[3] Non è sicura l'identità. Potrebbe trattarsi del poeta Valerio Catone.

[4] La madre di Venere.

LX

Num te leaena montibus Libystinis
aut Scylla latrans infima inguinum parte
tam mente dura procreavit ac taetra,
ut supplicis vocem in novissimo casu
contemptam haberes, a nimis fero corde?

60

Forse ti ha generata così dura e inumana
qualche leonessa sui monti di Libia
o le bocche latranti sotto il ventre di Scilla[5]
che disprezzi la voce di colui che ti supplica
nell'estrema sventura, ah, cuore nero?

[5] Mitico mostro dalle dodici teste che viveva sul lato italiano dello Stretto di Messina, di fronte al vortice Cariddi.

Indice

GIOVENZIO. UN ALTRO AMORE

GLI AMICI